中国装备制造业集群发展策略研究

刘晓辉　白玉英　著

西北工業大學出版社

西　安

【内容简介】 本书内容包括装备制造业特点和战略地位、我国装备制造业发展情况及存在的问题、装备制造业集群式创新的相关理论、装备制造业集群发展现状研究、装备制造业集群发展与创新的内在机制、装备制造业集群式创新的区域联动机制构建、装备制造业集群网络化发展及治理以及装备制造业集群式创新路径及对策等8章。

本书可供从事相关工作的人员阅读、参考。

图书在版编目（CIP）数据

中国装备制造业集群发展策略研究 / 刘晓辉，白玉英著. — 西安：西北工业大学出版社，2021.9（2025.1重印）
ISBN 978-7-5612-7981-6

Ⅰ.①中… Ⅱ.①刘… ②白… Ⅲ.①装备制造业－产业发展－研究－中国 Ⅳ.①F426.4

中国版本图书馆CIP数据核字(2021)第199297号

ZHONGGUO ZHUANGBEI ZHIZAOYE JIQUN FAZHAN CELUE YANJIU

中 国 装 备 制 造 业 集 群 发 展 策 略 研 究

责任编辑：付高明
责任校对：李阿盟
出版发行：西北工业大学出版社
通信地址：西安市友谊西路127号　　**邮编：**710072
电　　话：（029）88493844　88491757
网　　址：www.nwpup.com
印 刷 者：三河市悦鑫印务有限公司
开　　本：710 mm×1 000 mm　1/16
印　　张：14.25
字　　数：250千字
版　　次：2022年1月第1版　2025年1月第2次印刷
定　　价：79.00元

如有印装问题请与出版社联系调换

前　言

党的十九大报告指出：加快建设制造强国，加快发展先进制造业，推动互联网、大数据、人工智能和实体经济深度融合。十四五规划和2035远景目标规划指出："坚持自主可控、安全高效，推进产业基础高级化、产业链现代化，保持制造业比重基本稳定，增强制造业竞争优势，推动制造业高质量发展。"制造业是国民经济主体，是立国之本、兴国之器、强国之基。2020年，我国工业增加值达31.3万亿元，连续11年成为世界最大的制造业国家，制造业的占比比重对世界制造业贡献的比重接近30%，拥有全世界最大、最全面的配套产业链，是形成国内国际"双循环"的新引擎，也是国际竞争的主战场。

但也要看到，我国制造业发展面临着许多新的困难和挑战。从外部环境看，国际环境复杂严峻，外部形势更加复杂，贸易保护主义抬头，全球贸易增长缺乏动力，逆全球化的思潮也加速涌动，中国制造业发展面临巨大挑战。从内部环境看，模仿型排浪式消费阶段基本结束，个性化、多样化消费渐成主流，保证产品质量安全、通过创新供给激活需求的重要性显著上升，都对制造业企业提出了更高要求。在这样的国际、国内环境下，我国制造业发展面临着巨大挑战，结构性问题、结构性矛盾越发凸显。当前我国经济进入新发展阶段，全球新一轮科技革命和产业变革为制造业高质量发展带来了历史机遇，全球产业重构对中国制造提档升级提出了新的要求。因此，"十四五"时期我国制造业如何实现高质量发展是摆在我们面前的一个非常重要课题。

装备制造业又称装备工业，是为满足国民经济各部门发展和国家安全需要而制造各种技术装备的产业总称。装备制造业是反映一个国家或地区经济素质、综合实力和国际竞争力强弱的重要标志。制造业是一个庞大的产业系统，其中装备制造业尤其是山西省的装备制造业在全国装备制造产业链中处于核心领先地位。作为山西省的重要提升项目，装备制造业的发展为山西构建新型产业体系提供了有益借鉴和重要保障。本书在系统分析国内外装备制造业自主创新的相关文献的基础上借鉴和参考各国提升装备制造业自主创新能力的经验，对我国装备制造业的发展和创新进行了系统性分析，结合山西省装备制造业案例进行了补充论证，并最终提出了装备制造业集群式创新路径及对策。本书主要内容包括：中国装备制造业发展情况及国际竞争力分析、中国装备制造业产业政策、中外装备制造业产业政策及其评价、中国装备制造业集群合作的价值链延伸、网络条件下的装备制造业集群策略、中国装备制造业集群合作的区域联动等。

本书的结论和主要观点体现在如下几个方面：

第一，我国是世界最大的装备产品生产国和出口国，但与发达国家的装备制造业相比，仍然“大而不强”。核心竞争力不足、自主创新能力弱以及技术壁垒阻碍着我国装备制造业的进一步发展。

第二，我国制造业进入转型升级的关键时期，将带动传统装备制造业的产业升级和高端装备制造业的发展，而全球新一轮科技革命和产业变革则为我国装备制造业实现后来居上提供了难得的赶超机遇。

第三，产业集群发展是全球装备制造业发展和技术创新的客观要求，作为技术密集型产业，技术的聚集能够为装备制造业集群式创新发展的内生动力，面对发达国家的高端管控和发展中国家的激烈竞争，我国要积极推动中国制造业的集群发展。

本书提出的对策建议是：

第一，我国需要推动产业集聚，依托高校科研院所、国家重点实验室、企业研发机构、产业园区、科技园区等载体平台突破核心关键技术，打造我国装备制造业的发展优势。

第二，加强区域产业联动，开展高效的区域产业转移与对接，促进产业链、价值链、创新链不断拓展延伸，实现区域间产业的优势互补和联动发展，寻求在一定时间、空间和有限的资源供给范围内，各区域产业结构优化升级的最优效率。

第三，推动产业集群网络化发展，通过集群化的网络合作来扩大外部各类资源的获取，如知识的交流、战略联盟、营销联盟等多种形式，来促进自身的发展。

第四，加快装备制造业的创新效率，要深入实施以科技创新、制度创新、管理创新等为核心的创新驱动战略，不断创新科技合作及利益共享机制，为我国装备制造业的发展保驾护航。

由于笔者水平有限，写作时间仓促，所以书中错误和不足之处在所难免，恳请广大读者批评指正。

著　者

目 录

第一章 装备制造业特点和战略地位 1

第一节 装备制造业的内涵及特征 1
第二节 装备制造业的起源及范围 2
第三节 装备制造业的产业技术经济特征 15
第四节 装备制造业的战略性地位 17

第二章 我国装备制造业发展情况及存在的问题 19

第一节 我国装备制造业整体发展情况 19
第二节 装备制造业“大而不强”的现状和制约因素 45
第三节 新阶段我国装备制造业面临的机遇和挑战 50

第三章 装备制造业集群式创新的相关理论 55

第一节 产业集群与产业创新理论 55
第二节 集群式创新理论 62
第三节 区域联动理论 64
第四节 价值网络理论 65
第五节 产业政策相关理论 66
第六节 全球价值链理论 75

第四章 装备制造业集群发展现状研究 79

第一节 装备制造业的总体发展现状 79
第二节 装备制造业集群的发展现状 86
第三节 装备制造业集群创新能力与创新模式的匹配性分析 97

第五章 装备制造业集群发展与创新的内在机制 106

第一节 集群发展与创新的学习机制 106
第二节 集群发展与创新的产学研合作机制 117
第三节 集群发展与创新的组织机制 129

第四节　集群发展与创新利益的共享机制……138

第六章　装备制造业集群式创新的区域联动机制构建……140

第一节　产业联动机制构建……140
第二节　知识技术共享机制构建……153
第三节　合作机制构建……155
第四节　要素流动及优化配置机制构建……158

第七章　装备制造业集群网络化发展及治理……162

第一节　装备制造产业集群的网络功能……162
第二节　装备制造产业集群的网络风险……189
第三节　装备制造产业集群的网络治理机制……201

第八章　装备制造业集群式创新路径及对策……209

第一节　强化知识技术支撑……209
第二节　建立集群式创新学习交流网络……210
第三节　壮大生产业规模……211
第四节　加大核心企业培育及政策扶持……213
第五节　建立区域产业联动机制……214
第六节　规范和完善科技中介组织……216
第七节　加强区域创新软环境建设……217

参考文献……219

第一章　装备制造业特点和战略地位

第一节　装备制造业的内涵及特征

装备制造业是为满足国民经济各部门发展和国家安全需要而制造各种生产和技术装备的产业总称，是推动国家和地区经济发展的基础性、战略性产业。按照国民经济行业分类（GB / T4754—2017）并结合研究需要，本书研究的装备制造业包括金属制品业，通用设备制造业，专用设备制造业，交通运输设备制造业（包括汽车制造业以及铁路、船舶、航空航天和其他运输设备制造业两个行业），电气机械和器材制造业，计算机、通信和其他电子设备制造业，仪器仪表制造业等 7 个大类（两位数编码）66 个中类（三位数编码）行业。

作为资本、技术和劳动三要素密集型产业，装备制造业具有产业链长、产业关联度大、技术构成复杂、配套零部件多样化、地域集聚明显等特征，其发展质量和水平往往成为衡量一国先进制造技术、工业水平、科技水平的重要标志，进而反映一国综合经济实力和对外竞争力，在推进产业科技创新、支撑产业转型升级过程中处于关键核心位置，因而受到党和国家的高度重视。自 2006 年国务院出台《国务院关于加快振兴装备制造业的若干意见》（国发〔2006〕8 号）以来，我国装备制造业发展明显加快，各地依托各类产业开发园区，不断加大装备产业培育发展力度，形成了一批特色产业集群，推动了我国装备制造业的持续快速发展，但产业大而不强、自主创新能力薄弱、关键零部件及核心技术受制于人、基础制造水平落后、产业集聚程度低、低水平重复建设等问题依然突出，需要具有较强技术能力的大中型企业进行技术集成和引领创新。随着以美国、欧盟为首的西方发达经济体“制造业回流”和“再工业化”战略的提出及其对制造业的重新认识和定位，以及发展中国家和地区对加快工业化进程的迫切需求，装备制造业已经成为全球制造业价值重构、竞争格局改变和创新驱动的主战场。另一方面，由于装备制造业在产品和技术上有着极强的配套要求，大中小企业基于产业关联形成的空间集聚程度远高于其他制造业行业，通过空间集聚促进产业规模化、集群化、创新化发展已成为全球装备制造业发展的客观趋势。

第二节　装备制造业的起源及范围

装备是人类进行生产活动的工具。装备制造业又称装备工业，是为满足国民经济各部门发展和国家安全需要而提供各种技术装备的各制造工业的总称，其为国民经济进行简单再生产和扩大再生产提供生产技术装备，即“生产机器的机器制造业”。制造业按照其产品用途可分为投资品制造业和消费品制造业，最广泛意义上的装备制造业就是投资品制造业。

一、装备制造业的起源和发展

装备制造业是一个古老的行业，其产生可以追溯到第一次工业革命时期。18 世纪随着蒸汽机的发明和改良，工业生产中机器生产逐渐取代了工场手工生产，导致对机械设备的需求爆发式增长。可以说，当装备的生产不再是为了自己使用而是销售给其他用户，即机械装备的生产走向专业化时，装备制造业就诞生了。

300 多年来，装备制造业随着世界科学与技术的发展而不断焕发出新的生命力。19 世纪 70 年代至 20 世纪初的第二次工业革命，使世界工业进入电气化时代，电力的广泛应用、内燃机的发明和使用，使得机械装备的动力系统得到大幅度提升，催生了汽车、飞机等新交通工具。第二次世界大战之后，半导体产业、计算机产业的迅猛发展，以及20世纪后期开始的电子信息技术革命，更是不断将新元素注入古老的装备制造业中。不仅机械装备的运动控制系统走向信息化，其技术基础也在传统机械加工技术之上逐步集合了先进材料、精密加工、光电、计算机控制、机电液一体化等前沿技术。因此，现代装备制造业的面貌已经发生根本性变化，除了以机械加工技术为基本技术的机械装备制造业以外，基于电子信息技术的电子信息装备制造业也逐步发展成为装备制造业的重要组成部分。

另外，世界科学与技术突飞猛进的发展，也不断为装备制造业创造着新的应用领域，推动更多应用、更高效率的机械装备诞生。例如，第二次工业革命中，电力的大规模应用，带来了发电设备和输配电设备制造业的产生和发展，目前电气机械和器材制造业已经成为装备制造业中占据较大比重的一个重要部分；化学工业的出现，催生出了炼油、化工、橡胶、塑料等生产专用设备的制造业；而21世纪新能源技术的发展，则推动了风力发电、太阳能光伏产业的加速增长。

二、装备制造业的统计分类

“装备制造业”的概念是我国所独有的，21世纪以来广泛见诸政府文件和各种媒体报道之中。目前，世界其他国家包括国际组织并没有提出“装备制造业”这个概念。“装备制造业”不属于标准的国民经济行业分类，在我国的国民经济行业分类和国际标准产业分类中，都没有“装备制造业”或者“装备工业”的类别名称，也没有相应的统计数据。我们在相关研究或者媒体报道中看到的我国装备制造业的统计数据，一般是用国民经济行业分类中主要产品归属装备制造业的几个大类的数据，或者机械工业联合会统计范围数据来替代的。

装备制造业是一个十分宽泛的概念，其所涉及的产品门类众多。

（1）《国际标准产业分类》中归属装备制造业的类别。2006年，联合国统计委员会审议并通过了国际标准产业分类修订本第 4 版(ISIC Rev. 4)。其中，装备制造业涉及制造业门类下的 25 大类金属制品的制造，26 大类计算机、电子和光学产品的制造，27 大类电力设备的制造，281 中类通用机械的制造，282 中类专用机械的制造，29 大类汽车、挂车和半挂车的制造，30 大类其他运输设备的制造，33 大类机械和设备的修理和安装（见表 1-1）。

表 1-1　国际标准产业分类（ISIC Rev 4）中归属装备制造业的类别

C				制造业
	25			金属制品的制造，但机械和设备除外
		251		结构性金属制品、油罐、水箱和蒸汽锅炉的制造
			2511	结构性金属制品的制造
			2512	油罐、水箱和金属容器的制造
			2513	蒸汽锅炉的制造，但中央供暖热水锅炉除外
		252	2520	武器和弹药的制造
		259		其他金属制品的制造；与金加工相关的服务活动
			2591	金属的锻造、冲压和轧制；粉末冶金
			2592	机床加工；金属的处理和包覆
			2593	刀具、手工工具和通用金属用具的制造
			2599	未另分类的其他金属制品的制造
	26			计算机、电子和光学产品的制造
		261	2610	电子元件和电子板的生产
		262	2620	计算机和周边设备的制造
		263	2630	通信设备的制造
		264	2640	电子消费品的制造
		265		测量、检验、导航和控制设备的制造；钟表制造
			2651	测量、检验、导航和控制设备的制造
			2652	钟表的制造
		266	2660	辐射、电子医疗和电子理疗设备的制造
		267	2670	光学仪器和摄影器材的制造
		268	2680	磁性媒介物和光学媒介物的制造

续表

C				制造业
	27			电力设备的制造
		271	2710	电动机、发电机和变压器的制造以及配电和电力控制设备的制造
		272	2720	电池和蓄电池的制造
		273		配线与配线设备的制造
			2731	光纤电缆的制造
			2732	其他电线和电缆的制造
			2733	配线设备的制造
		274	2740	电力照明设备的制造
		275	2750	家用电器的制造
		279	2790	其他电子设备的制造
	28			未另分类的机械和设备的制造
		281		通用机械的制造
			2811	发动机和涡轮机的制造（飞机、汽车和摩托车发动机除外）
			2812	液压设备的制造
			2813	其他泵、压缩机、旋塞和阀门的制造
			2814	轴承、齿轮、传动和驱动部件的制造
			2815	锅炉、熔炉和熔炉燃烧室的制造
			2816	起重及装卸设备的制造
			2817	办公机械和设备的制造（计算机和周边设备制造除外）
			2818	电动手工工具的制造
			2819	其他通用机械的制造
		282		专用机械的制造
			2821	农业和林业机械的制造
			2822	锻压机械和机床的制造
			2823	冶金机械的制造
			2824	采矿、采石及建筑机械的制造
			2825	食品、饮料和烟草加工机械的制造
			2826	纺织、服装和皮革生产机械的制造
			2829	其他专用机械的制造

续表

C				制造业
	29			汽车、挂车和半挂车的制造
		291	2910	汽车的制造
		292	2920	汽车车身的制造（车身的设计、制造和装配）；挂车和半挂车的制造
		293	2930	汽车零配件的制造
	30			其他运输设备的制造
		301		船舶的建造
			3011	船只和浮动设施的制造
			3012	游船和运动船的建造
		302	3020	铁路机车及其拖曳车辆的制造
		303	3030	飞机、航天器和相关机械的制造
		304	3040	军用战车的制造
		309		未另分类的运输设备的制造
			3091	摩托车的制造
			3092	自行车和残疾人座车的制造
			3099	未另分类的其他运输设备的制造
	33			机械和设备的修理和安装
		331		金属制品、机械和设备的修理
		332	3320	工业机械和设备的安装

（2）我国《国民经济行业分类》中归属装备制造业的类别。我国最新的《国民经济行业分类》（GB / T 4754—2011）考虑到了与联合国《国际标准产业分类》修订本第 4 版（ISIC Rev.4）的对照衔接。按照《国民经济行业分类》（2011），装备制造业涉及金属制品业，通用装备制造业，专用设备制造业，汽车制造业，铁路、船舶、航空航天和其他运输设备制造业，电气机械和器材制造业，计算机、通信和其他电子设备制造业，仪器仪表制造业，金属制品、机械和设备修理业 9 个大类中的投资类制成品（见表 1-2）。

表 1-2 《国民经济行业分类》(2011)中归属装备制造业的类别

代码				类别名称	说明
门类	大类	中类	小类		
C				制造业	
	33			金属制品业	
		331		结构性金属制品制造	
		332		金属工具制造	
		333		集装箱及金属包装容器制造	
		334	3340	金属丝绳及其制品制造	
		335		建筑、安全用金属制品制造	
		336	3360	金属表面处理及热处理加工	指对外来的金属物件表面进行的电镀、镀层、抛光、喷涂、着色等专业性作业加工
		337		搪瓷制品制造	指在金属坯体表面涂搪瓷釉制成的,具有金属机械强度和瓷釉物化特征,及可装饰性的制品制造
		338		金属制日用品制造	指以不锈钢、铝等金属为主要原材料,加工制作各种日常生活用金属制品的生产活动
		339		其他金属制品制造	包括武器弹药的制造
	34			通用设备制造业	
		341		锅炉及原动设备制造	
		342		金属加工机械制造	
		343		物料搬运设备制造	指在工厂、仓库、码头、站台及其他场地进行起重、输送、装卸、搬运、堆码、存储等作业的机械设备以及车辆及其专门配套件的制造
		344		泵、阀门、压缩机及类似机械制造	指泵、真空设备、压缩机、液压和气压动力机械及类似机械和阀门的制造

续表

代码				类别名称	说明
门类	大类	中类	小类		
		345		轴承、齿轮和传动部件制造	
		346		烘炉、风机、衡器、包装等设备制造	
		347		文化、办公用机械制造	
		348		通用零部件制造	
		349	3490	其他通用设备制造业	
	35			专用设备制造业	
		351		采矿、冶金、建筑专用设备制造	
		352		化工、木材、非金属加工专用设备制造	
		353		食品、饮料、烟草及饲料生产专用设备制造	
		354		印刷、制药、日化及日用品生产专用设备制造	
		355		纺织、服装和皮革加工专用设备制造	
		356		电子和电工机械专用设备制造	
		357		农、林、牧、渔专用机械制造	
		358		医疗仪器设备及器械制造	
		359		环保、社会公共服务及其他专用设备制造	
	36			汽车制造业	
		361	3610	汽车整车制造	指由动力装置驱动，具有四个以上车轮的非轨道、无架线的车辆，并主要指用于载送人员和（或）货物，牵引输送人员和（或）货物的车辆制造，还包括汽车发动机的制造

续表

代码				类别名称	说明
门类	大类	中类	小类		
		362	3620	改装汽车制造	指利用外购汽车底盘改装各类汽车的制造
		363	3630	低速载货汽车制造	指最高时速限制在规定范围内的农用三轮或四轮等载货汽车的制造
		364	3640	电车制造	指以电作为动力，以屏板或可控硅方式控制的城市内交通工具和专用交通工具的制造
		365	3650	汽车车身、挂车制造	指其设计和技术特性需由汽车牵引，才能正常行驶的一种无动力的道路车辆的制造
		366	3660	汽车零部件及配件制造	指机动车辆及其车身的各种零配件的制造
	37			铁路、船舶、航空航天和其他运输设备制造业	
		371		铁路运输设备制造	
		372	3720	城市轨道交通设备制造	
		373		船舶及相关装置制造	
		374		航空、航天器及设备制造	
		375		摩托车制造	
		376		自行车制造	
		377	3770	非公路休闲车及零配件制造	指运动休闲车（不含跑车、山地车和越野车）、四轮休闲车、草地车、观光车等的制造
		379		潜水救捞及其他未列明运输设备制造	
	38			电气机械和器材制造业	
		381		电机制造	
		382		输配电及控制设备制造	
		383		电线、电缆、光缆及电工器材制造	

续表

代码				类别名称	说明
门类	大类	中类	小类		
		384		电池制造	指以正极活性材料、负极活性材料，配合电介质，以密封式结构制成的，并具有一定公称电压和额定容量的化学电源的制造；包括一次性、不可充电和二次可充电，重复使用的干电池、蓄电池（含太阳能用蓄电池）的制造，以及利用氢与氧的合成转换成电能的装置，即燃料电池制造；不包括利用太阳光转换成电能的太阳能电池制造
		385		家用电力器具制造	指使用交流电源或电池的各种家用电器的制造
		386		非电力家用器具制造	
		387		照明器具制造	
		389		其他电气机械及器材制造	
	39			计算机、通信和其他电子设备制造业	
		391		计算机制造	
		392		通信设备制造	
		393		广播电视设备制造	
		394	3940	雷达及配套设备制造	指雷达整机及雷达配套产品的制造
		395		视听设备制造	
		396		电子器件制造	
		397		电子元件制造	
		399	3990	其他电子设备制造	指电子（气）物理设备及其他未列明的电子设备的制造
	40			仪器仪表制造业	
		401		通用仪器仪表制造	

续表

代码				类别名称	说明
门类	大类	中类	小类		
		402		专用仪器仪表制造	
		403	4030	钟表与计时仪器制造	指各种钟、表、钟表机芯、时间记录装置、计时器的制造，还包括装有钟表机芯或同步马达，用以测量、记录或指示时间间隔的装置、定时开关，以及钟表零配件的制造
		404		光学仪器及眼镜制造	
		409	4090	其他仪器仪表制造业	指上述未列明的仪器、仪表的制造
	43			金属制品、机械和设备修理业	
		431	4310	金属制品修理	
		432	4320	通用设备修理	
		433	4330	专用设备修理	
		434		铁路、船舶、航空航天等运输设备修理	
		435	4350	电气设备修理	
		436	4360	仪器仪表修理	
		439	4390	其他机械和设备修理业	

（3）机械工业的统计范围。除了“装备制造业”“装备工业”以外，我们经常还会看到的一个相关概念就是“机械工业”。机械工业的统计数据是由中国机械工业联合会定期发布的，该机构还出版每年度的《中国机械工业统计年鉴》，其数据基础是国家统计局按照《国民经济行业分类》发布的各行业统计数据，机械工业联合会按照机械工业的范围对大、中、小类行业进行筛选、数据加总。

联合国《国际标准产业分类》与中国国家统计局《国民经济行业分类》都是基于生产工艺界定产品所属类别，一般情况下，在生产产品、提供服务方面采用相同工艺或者类似技术的活动会被划分在一起，这样就会出现同一大类、中类中既有投资品也有消费品的情况：而机械工业的产品范围界定一定程度上延续了原机械工业部的归口管理范围，按照《国民经济行业分类》(2011)，主要集中于通用设备制造业(34)、专用设备制造业(35)和汽车制造业(36)，而不包括铁路运输、城市轨道交通、航空航天、船舶、家电、电子设备等行业(见表1-3)。一方面，更多地关注产业链，因此，一些属于非金属矿物制品业、黑色金属冶炼和压延加工业的机械产品专用材料或者工艺，也被纳入到机械工业范围之中；而另一方面，部分属于消费品的中类、小类则被剔除出去。

因此，目前的机械工业统计范围可以认为是口径缩小的机械装备制造业。

表1-3　对应《国民经济行业分类》(2011)的我国机制工业统计范围

1．非金属矿物制品业（30）	5．专用设备制造业（35）
特种陶瓷制品制造（3072）	采矿、冶金、建筑专用设备制造（351）
石墨及其他非金属矿物制品制造（309）	化工、木材、非金属加工专用设备制造（352）
2．黑色金属冶炼和压延加工业（3I）	食品、饮料、烟草及饲料生产专用设备制造（353）
黑色金属铸造（313）	印刷、制药、日化及日用品生产专用设备制造（354）
3．金属制品业（33）	纺织、服装和皮革加工专用设备制造（355）
切削工具制造（3321）	电子和电工机械专用设备制造（356）
农用及园林用金属工具制造（3323）	农、林、牧、渔专用机械制造（357）
集装箱制造（3331）	环保、社会公共服务及其他专用设备制造（359）
金属压力容器制造（3332）	6．汽车制造业 f36）
金属表面处理及热处理加工（336）	汽车整车制造（361）
锻件及粉末冶金制品制造（3391）	改装汽车制造（362）
4．通用设备制造业（34）	低速载货汽车制造（363）

续表

锅炉及原动设备制造（341）	电车制造（364）
金属加工机械制造（342）	汽车车身、挂车制造（365）
物料搬运设备制造（343）	汽车零部件及配件制造（366）
泵、阀门、压缩机及类似机械制造（344）	7．铁路、船舶、航空航天和其他运输设备制造业（37）
轴承、齿轮和传动部件制造（345）	窄轨机车车辆制造（3712）
烘炉、风机、衡器、包装等设备制造（346）	摩托车制造（375）
文化、办公用机械制造（347）	其他未列明运输设备制造（3799）
通用零部件制造（348）	8．电气机械及汽车制造业（38）
其他通用设备制造业（349）	电机制造（381）
输配电及控制设备制造（382）	其他仪器仪表制造业（409）
电线、电缆、光缆及电工器材制造（383）	10．金属制品、机械和设备修理业（43）
其他电池制造（3849）	金属制品修理（431）
9．仪器仪表制造业（40）	通用设备修理（432）
通用仪器仪表制造（401）	专用设备修理（433）
专用仪器仪表制造（402）	其他运输设备修理（4349）
钟表与计时仪器制造（403）	电气设备修理（435）
光学仪器制造（4041）	其他机械和设备修理业（439）

资料来源：《中国机械工业统计年鉴》（2013）。

中国机械工业联合会进一步按照产品应用领域将我国机械工业分为 13 个大行业，并依据中华人民共和国国家标准《国民经济行业分类》，将“国标”小类分别归属到 13 个大行业中。13 个大行业分别是农业机械、内燃机、工程机械、仪器仪表、文化办公设备、石油石化通用机械、重型矿山机械、机床工具、电工电器、机械基础件、食品包装机械、汽车、其他民用机械。

三、什么是高端装备制造业、先进装备制造业

高端装备制造业、先进装备制造业是我国近一时期经常见诸报端的提法，其所包括的产品范围应该是随着国民经济发展需求和装备制造业整体水平而动态变化的。在目前我国各级政府的规划中，出于政策支持的需要，

大多采用产品列举的方法对高端装备制造业、先进装备制造业的范围做出明确的界定。

（一）高端装备制造业

高端装备制造业是指现代装备制造业的高端领域。高端装备制造业以高新技术为引领，处于价值链高端和产业链核心环节，是决定整个产业链综合竞争力的战略性新兴产业，是现代产业体系的脊梁，是推动工业转型升级的引擎。其“高端”首先体现为技术高端，即知识、技术密集，体现了多学科、多领域高精尖技术的交叉与集成；其次是价值高端，其产品具有高附加值特征；最后是具有较强的引领带动作用，不仅为国民经济各大行业提供先进技术设备，而且通过技术溢出带动一大批产业实现转型升级和技术进步。

《国务院关于加快培育和发展战略性新兴产业的决定》《“十二五”国家战略性新兴产业发展规划》中确定了 7 个战略性新兴产业，高端装备制造业是 7 个战略性新兴产业之一。2012 年 5 月 7 日，工业和信息化部发布了《高端装备制造业“十二五”发展规划》（以下简称《规划》）。

高端装备制造业既包括传统装备制造业的高端部分，也包括新兴装备制造业的高端部分。从应用领域来看，高端装备主要包括传统产业转型升级和战略性新兴产业发展所需的高技术高附加值装备。《规划》提出了现阶段我国高端装备制造业发展的重点方向，主要包括航空装备、卫星及应用、轨道交通装备、海洋工程装备、智能制造装备。《规划》还进一步明确了“十二五”期间，航空装备、卫星及应用、轨道交通装备、海洋工程装备和智能制造装备的重点任务（见表 1-4）。

表 1-4　“十二五”期间发展高端装备制造业的重点任务领域

（一）航空装备	——城市轨道交通装备
——大型客机	——工程及养路机械装备
——支线飞机	——信号及综合监控与运营管理系统

续表

——通用飞机和直升机	——关键核心零部件
——航空发动机	（四）海洋工程装备
——航空设备	——海洋矿产资源开发装备
（二）卫星及应用	——海洋可再生能源和化学资源开发装备
——航天运输系统	——其他海洋资源开发装备
——应用卫星系统	（五）智能制造装备
——卫星地面系统	——关键智能基础共性技术
——卫星应用系统	——核心智能测控装置与部件
（三）轨道交通装备	——重大智能制造集成装备
——动车组及客运列车	——重点应用示范推广领域
——重载及快捷货运列车	

资料来源：《高端装备制造业“十二五”发展规划》。

（二）先进装备制造业。

先进装备制造业强调的是相对于传统装备制造业的“先进性”，基本上包括了高端装备制造业，但产品范围有所扩大。《工业转型升级规划（2011—2015 年）》在重点领域发展导向中，提出了“发展先进装备制造业”。先进装备制造业涉及关键基础零部件及基础制造装备；重大智能制造装备；节能和新能源汽车；船舶及海洋工程装备；轨道交通装备；民用飞机；民用航天；节能环保和安全生产装备；能源装备等 9 大领域。

第三节 装备制造业的产业技术经济特征

由于所提供产品的特殊性，以及生产过程中复杂的产业关联，归纳起来看装备制造业具有以下产业技术经济特征：

一、产业关联性强，生产过程具有技术集成性和组装性特点

装备制造业是现代工业技术的高度集成，产业关联性强，生产过程具有技术集成性和组装性特点。越是大型精密装备，其涉及的产业链越长、生产过程越复杂，其中的每个功能模块都可能包括了数量庞大且材质、加

工工艺、质量标准各不相同的零部件。其中任何一个零件在质量、性能方面出现问题，都可能成为整个产品“木桶效应”中的“短板”。这种生产过程的特点决定了，①基础件对于装备制造业来说绝不能被看作无关紧要的、低技术的配件，相反，许多重要的基础零部件是行业核心技术的载体；②集成技术以及与其相关的设计规则、行业标准，同样是装备制造业的技术制高点；③由于生产过程的技术集成性和组装性，企业的各部门之间、上下游的生产企业之间必须加强合作，建立起跨组织的合作机制。

二、产品具有多品种、小批量，甚至按单定制的特点

装备制造业尽管也生产大规模销售的同质化产品，但大多为低附加值产品。由于为国民经济各部门提供技术装备，面对千差万别的产品需求和功能定位，无论是基础装备企业还是基础件、专用设备企业，其中高端产品生产都具有明显的多品种、小批量，甚至按单定制的特点。这种产品的特点决定了，一方面，装备制造企业必须与客户建立起紧密的长期协作关系，从产品的设计，到生产过程，再到销售和售后服务，甚至产品报废后的再制造和循环回收，在产品的全生命周期里保持与客户的密切合作、信息共享，在与客户的合作中共同创造产品价值；另一方面，产品的柔性化生产也对企业内部生产组织提出了柔性化和开放性的要求。另外，“这种制造模式还要求员工在生产过程中将产品开发、设计、制造以及交付的经验教训进行系统整理，形成组织内部的知识。经过长期的不同类型产品的开发设计中的知识积累，增强厂商的创新能力。在这里，良好的知识管理是企业创新的关键”[①]。

三、行业共性技术的发展具有突出重要的地位

由于装备产品量大面广，许多产品都基于共同的基础技术和工艺原理，

---

① 张保胜．基于技术链的装备工业共同创造与创新能力提升[J]．技术经济与管理研究，2009，（5）：31-33．

因此，产业共性技术对于装备制造业的发展尤为重要，决定了装备制造业的整体技术水平和发展后劲。装备制造业共性技术涉及材料及其选择、制造工艺、自动化、测试、标准化和系统管理等技术，这些共性技术支撑着设计、制造、管理与营销的全过程，相关知识涵盖了一个学科领域中范围较广的基础科学，需要长期的积累和不同门类的相互交叉和相互补充，需要科研机构、高校等提供基础知识的传播，也需要政府对基础知识学科给予支持。我国的装备制造业处于技术模仿和跟随阶段，产业共性技术的重要性尚不太突出，随着本土企业技术水平的提高和向产业技术前沿的逼近，产业共性技术研发的重要性就逐步凸显了出来。

第四节 装备制造业的战略性地位

一、装备制造业是国家的“总装备部”，是一国工业水平的代表

装备制造业的发展水平，是国家工业化进程的标杆。一国装备制造业的技术水平与竞争力，基本可以代表国家工业科技的总体水平。因而装备制造业的发展和创新行为，不仅决定着装备产品的国际竞争力，而且对一个国家制造业竞争力的提高也有着战略性意义。当今世界的工业发达国家和地区，往往也是装备制造业的强国，如美国、德国和日本；制造业竞争力快速增长的国家和地区，往往机床工业竞争力也处于快速提升之中，如我国台湾地区和韩国。

装备制造业的特殊性在于，其提供的产品是国民经济各行各业所必需的设备，装备制造业的发展将提高国内装备的设计能力和制造水平，从装备的国内供给能力和供给水平方面，对本国工业的结构升级提供有力支持。而我国作为一个大国，工业化进程中的生产装备不可能长期依赖进口，必须立足于本土装备企业。

二、装备制造业在工业中占较大比重，是国民经济中的支柱产业

装备制造业在各个工业化国家中，仍然是工业中最为重要的部分，是国民经济的支柱产业。在主要的工业强国，装备制造业占工业总量的40%—45%（美国41.9%、日本43.6%、德国46.4%、法国39.6%、英国37.3%、韩国45.3%，2006）。2010年，我国机械工业总产值占全国工业总产值的20.3%。

发达国家已经进入后工业化时期，尽管随着产业链分工的发展，一些低端产品和低端生产环节被转移到了劳动力成本更为低廉的国家和地区，装备制造业表现出一定程度的外移，但发达国家并没有放弃在装备制造业方面的技术优势和主导地位，技术前沿以及一些重要的生产环节至今仍牢牢掌握在发达国家的企业手中。在发达国家，装备制造业的支柱产业地位已经不完全体现在产业规模方面，通过对产业链主导权的控制，发达国家不仅保持了产业技术方面的领先地位，同样也获取了大量的产业利润，其增加值率和对于GNP的贡献保持了较高水平。

三、装备制造业处于制造业产业链的中下游，对制造业具有较强的辐射拉动作用

从产业技术经济联系来看，装备制造业大多处于较长产业链的中下游，总体上看对制造业具有较强的辐射拉动作用。装备制造业的上游产业，主要是电子元器件、钢铁、机械零部件、包装材料、化工材料、精密铸件等原材料和中间投入品行业，以及研发、公共技术服务、展销、仓储、物流等现代服务业；其下游产业，则遍及国民经济的各行业。因此，装备制造业的增长及其产业升级，将对制造业形成很强的拉动作用。

而装备制造业提供的产品中，除了可以直接用于国民经济各行业的整机装备之外，还有大量的零部件等中间投入品。例如，电子元器件制造业的产出中就有80%以上是零部件，是国民经济中重要的基础性产业。在国民经济快速增长时，会给这些重要的基础性产业带来很大的需求压力，如果发展缓慢则可能成为制约国民经济发展的瓶颈产业。

第二章　我国装备制造业发展情况及存在的问题

第一节　我国装备制造业整体发展情况

一、我国装备制造业的发展情况

近年来，我国装备制造业总体持续增长，但增速有所下降。2011—2015年，通用设备制造业，专用设备制造业，汽车制造业，电气机械和器材制造业，计算机、通信和其他电子设备制造业增长幅度均在2015年出现显著下降，2016年除计算机、通信和其他电子设备制造业增幅持续下降外，其他行业均有所回升，后续态势仍有待观察（见表2-1、图2-1）。2016年，我国工业增加值为247 860亿元，同比增长6.0%。装备制造业增加值增长9.5%，明显快于工业增加值增幅，比上年增幅高2.7个百分点。装备制造业增加值占规上工业增加值的32.9%，比2015年高1.1个百分点。2016年出现较为明显的回升可能与供给侧结构性改革、国家对制造业的一系列扶持政策有关，但企稳的态势能够延续多久仍有待后续观察。

表2-1　2011—2016年我国规上装备制造业分行业增长情况

单位：%

行业	2011年	2012年	2013年	2014年	2015年	2016年
通用设备制造业	17.4	8.4	9.2	9.1	2.9	5.9
专用设备制造业	19.8	8.9	8.5	6.9	3.4	6.7
汽车制造业	12.0	8.4	14.9	11.8	6.7	15.5
电气机械和器材制造业	14.5	9.7	10.9	9.4	7.3	8.5
计算机、通信和其他电子设备制造业	15.9	12.1	11.3	12.2	10.5	10.0

注：汽车制造业2011年统计公报的统计项目为交通运输设备制造业。

资料来源：国家统计局2011—2016年各年度国民经济和社会发展统计公报。

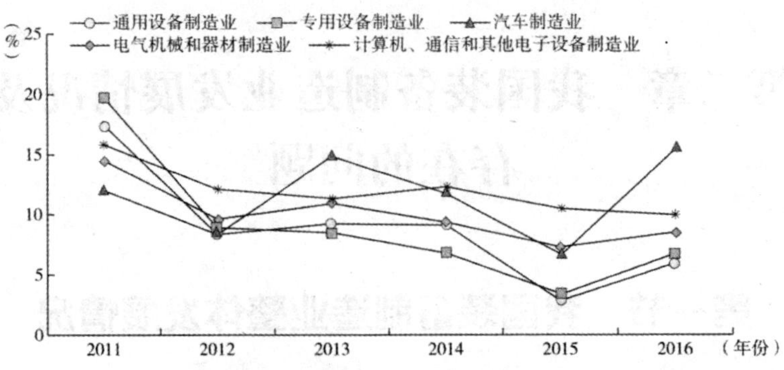

图 2-1　2011—2016 年我国规上装备制造业分行业增长情况

资料来源：国家统计局 2011—2016 年各年度国民经济和社会发展统计公报。

二、我国高端装备制造业的总体发展状况

根据《高端装备制造业“十二五”发展规划》，21 世纪以来，我国高端装备制造业已形成一定的产业规模。2010 年，高端装备制造业实现约 1.6 万亿元销售收入，约占装备制造业销售收入的 8%。整体技术水平持续提升，围绕国民经济各行业的迫切要求，开发出了一大批具有知识产权的高端装备，如百万千瓦级超临界火电发电机组、百万千瓦级先进压水堆核电站成套设备、1 000 千伏特高压交流输变电设备、± 800 千伏直流输变电成套设备、百万吨乙烯装置所需的关键装备、超重型数控卧式镗车床、精密高速加工中心、2 000 吨履带起重机、ARJ21 新型支线飞机、“和谐号”动车组、3 000 米深水半潜式钻井平台等，气象卫星率先实现业务化运行，已初步形成了高端装备制造产业格局。

按照《高端装备制造业“十二五”发展规划》的部署，“十二五”期间，高端装备制造业的发展重点是航空装备、卫星及应用、轨道交通装备、海洋工程装备和智能制造装备，并对这些重点发展领域给予了大力支持。2011 年以来，国产大型运输机和大型客机的研发快速推进，C9 19 已经进入总装阶段；载人航天与探月工程取得重大突破，国产北斗导航系统逐渐成熟；

中国的高铁已经成为国内重要出口轨道装备；“蛟龙”载人深潜器、海洋工程装备制造也取得了长足进步，从这些成果来看，我国的高端装备自主研发取得了全面的进步。

根据机械工业信息研究院的报告，2014 年上半年，部分高端装备制造业的发展情况如下：

（1）航空、航天器及设备行业保持较快增长，但增幅回落。2014 年上半年，航空、航天器及设备制造行业完成主营业务收入 422.1 亿元，同比增长 14.5%，增幅较 2013 年同期回落 7 个百分点；实现利润 18.9 亿元，同比增长 41%，增幅较 2013 年同期回落 5.7 个百分点；完成出口交货值 79.2 亿元，同比增长 10.6%，增幅较 2013 年同期回落 8.2 个百分点。

（2）海洋工程装备行业增长加快，接单占比保持全球第一。2014 年上半年，海洋工程装备行业完成主营业务收入 338.2 亿元，同比增长 12.7%，增幅较 2013 年同期提高 10.6 个百分点；实现利润 16.3 亿元，同比增长 83.1%，增幅较 2013 年同期提高 115.9 个百分点。2014 年上半年，我国新签各类海洋工程装备 81 艘（座），其中自升式钻井平台 11 座、半潜式钻井平台 3 座、钻井船 3 艘及生产平台 3 座，海工辅助船 59 艘，合同金额 79 亿美元，世界市场份额提高到 32%，居全球第一。

（3）轨道交通装备行业增速大幅提高。2014 年上半年，轨道交通装备行业完成主营业务收入 1 709.6 亿元，同比增长 31.14%，增幅较 2013 年同期提高 39.25 个百分点；实现利润 148.5 亿元，同比增长 61.24%，增幅较 2013 年同期提高 67.07 个百分点；完成出口交货值 32.4 亿元，同比下滑 1.84%。

但是，与发达国家相比，我国高端装备制造业仍存在较大差距。主要表现在：创新能力薄弱，核心技术和核心关键部件受制于人；基础配套能力发展滞后，装备主机面临“空壳化”；产品可靠性低，产业链高端缺位；产业规模小，市场满足率低；产业体系不健全，相关基础设施、服务体系建设明显滞后等。一些领域尽管发展很快，如海洋石油工程装备、机器人制造等，但与国际先进水平的差距依然很大。

（一）航空装备的近期发展情况

世界航空装备制造业是一个由发达国家高技术封锁和垄断的市场，我国航空装备工业发展面临着巨大的挑战。总体来看，当前我国航空产业体系仍不完善，在许多领域与国外先进水平的差距很大，基础研究薄弱，技术储备不足，关键材料和元器件主要依赖进口，发动机发展滞后已成为制约发展的瓶颈。但是，近几年，我国航空装备制造业在国产大飞机和支线飞机领域所取得的成绩是前所未有的。

1. 国产大飞机

大飞机一般是指起飞总重超过 100 吨的运输类飞机，包括军用大型运输机和民用大型运输机。我国把 150 座以上的客机称为大客机，而国际航运体系习惯上把 300 座以上的客机称作大型客机。目前国际大客机市场主要被波音和空客所占据。

（1）C919 国产大型客机。

C919 是中国商用飞机有限责任公司（以下简称中国商飞）正在研制中的 168—190 座级窄体干线客机。C919 专为短程到中程的航线设计，属于单通道 150 座级，标配 168 个座位，最多可容纳 190 个座位。C919 是中国继运-10 之后自主设计、研制的第二种国产大飞机，研制项目于 2008 年 11 月启动。作为一款新研制的面向全球市场的新型飞机，这款飞机具备自己的特色，包括新颖的气动布局，采用低油耗、低噪声、低排放的新一代发动机，以及先进的综合航电能力等。据中国商飞公司的资料显示，截至 2019 年，C919 的全球订单已经突破 1 000 架。2014 年 9 月 19 日，C919 国产大型客机首架机正式开始机体对接，这标志着 C919 大型客机研制项目全面进入结构总装攻坚阶段。该项目力争在年底完成首架机体结构对接（如图 2-2）。

在“中国速度”加持下，2017 年中国终于取得突破性进展：第一架自主研发的商用客机 C919 成功首飞。

图 2-2　在装配线上进行对接的 C919 首架机的机体

（2）运-20 大型军用运输机。

运-20 是我国自主研发的新一代大型军用运输机，由中国中航空业西飞集团主要研制，最大起飞重量估计为 220 吨，最高载重 66 吨，参照了俄罗斯伊尔-76 运输机的气动外形和机体结构，同时结合了美国 C-17 运输机的部分特点，两架原型机已经分别在 2013 年 1 月 26 日和 12 月底首飞（如图 2-3）。

图 2-3　运-20 军用运输机试飞

2. 国产支线飞机

ARJ21-700 涡扇喷气支线客机。

ARJ21-700 是由中国商用飞机有限责任公司研制的新型涡扇支线飞机，亦为中国第一款完全自主设计并制造的支线飞机。ARJ21-700 新支线飞机是我国第一款完全按照国际标准研制的涡扇喷气支线客机，目前正在中国民用航空局（CAAC）的审查下和美国联邦航空局（FAA）的“影子审查”下全面开展适航验证工作。这款国产支线客机在 2014 年年底已经完成试飞取证，2017 年 11 月 1 日，ARJ21-700 飞机 108 架机在上海完成首飞。2017 年 12 月 28 日，108 架机正式交付成都航空。2018 年 3 月 20 日，ARJ21-700 喷气客机圆满完成呼和浩特至乌兰浩特往返航线运行。2018 年 4 月 29 日，109 架机正式交付（如图 2-4）。

图 2-4　AKJ21-700 支线客机

（二）航天装备的近期发展情况

按照国际通行的定义，航天产业一般是指利用火箭发动机推进的跨大气层和太空飞行的飞行器及其所载设备、武器系统和各种地面设备的制造以及各种飞行器的发射服务和应用的产业。国际航天产业主要由欧美大型航天制造集团主导，如洛克希德·马丁公司、波音公司、欧洲宇航防务集团（EADS）、诺斯罗普·格鲁曼公司和雷神公司。航天产业链既包括设备制造，也包括相应的应用服务环节，其核心领域是卫星及其应用产业。按照国际卫星工业协会（SIA）的划分，可以将卫星产业分为 4 个子产业——卫星制造、卫星发射、地面设备制造、卫星应用及运营服务。

美国卫星工业协会（SIA）发布的《2013 年全球卫星产业状况报告》公布了全球航天大国的航天业实力对比。2012 年，全球在轨工作卫星超过 1000 颗，其中，超过一半是通信卫星，超过 1 / 3 是商业通信卫星，50 多个国家拥有至少 1 颗卫星。全球卫星制造业 2012 年的增长率达到 23%，市场规模为 146 亿美元。据报告的不完全统计，在 2012 年发射的航天器中，32%由美国制造，中国以 23%的份额排名第二。

我国航天发展 50 年来，应用卫星从无到有，逐渐发展。截至 2012 年年底，在轨稳定运行的应用卫星达 70 余颗，包括遥感卫星、导航卫星、通信卫星、空间探测卫星和技术试验卫星等多种类型，形成了海洋卫星系列、气象卫星系列、陆地卫星系列、环境卫星系列、北斗导航定位卫星系列、通信广播卫星系列等卫星系列，基本构成了应用卫星体系，为卫星应用的发展奠定了基础。卫星及其应用产业在我国国民经济的各个领域发挥着日益重要的作用，并迅速向传统产业渗透，呈现出较高的成长性和较强的产业融合性。到“十二五”末期，我国有上百颗卫星在轨运行，从而形成了较完备的应用卫星体系，为卫星应用产业快速发展奠定良好的基础。可以预期，未来相当长一段时间都将是我国卫星应用的高速发展期，其中卫星通信、卫星导航、卫星遥感则是卫星应用产业的三大支柱。

1．载人航天工程

1992 年 9 月 21 日，中央正式批复载人航天工程可行性论证报告，中国载人航天工程正式立项，代号为“921 工程”。1999 年 11 月至 2003 年 1 月，“神舟一号”至“神舟四号”相继发射成功并圆满完成试验。2003 年 10 月，中国第一艘载人飞船“神舟五号”成功发射，杨利伟成为中国首位航天员，中国成为继俄罗斯和美国之后世界上第一个能够独立开展载人航天活动的国家：2005 年 10 月，中国第二艘载人飞船“神舟六号”成功发射，完成了中国真正意义上有人参与的空间科学实验；2008 年 9 月，中国第三艘载人飞船“神舟七号”成功发射，航天员出舱在太空行走，中国成为世界上第三个掌握空间出舱活动技术的国家；2011 年 11 月，“神舟八号”发射升空，与“天宫一号”完成空间交会对接；2012 年 6 月，“神舟九号”发射成功，完成中国首次载人交会对接任务；2013 年 6 月“神舟十号”飞船载着 3 名航天员顺利升空，13 日 13 时 18 分与“天宫一号”目标飞行器成功实现自动交会对接（如图 2-5）。这是“天宫一号”自 2011 年 9 月发射入轨以来，第 5 次与神舟飞船成功实现交会对接。

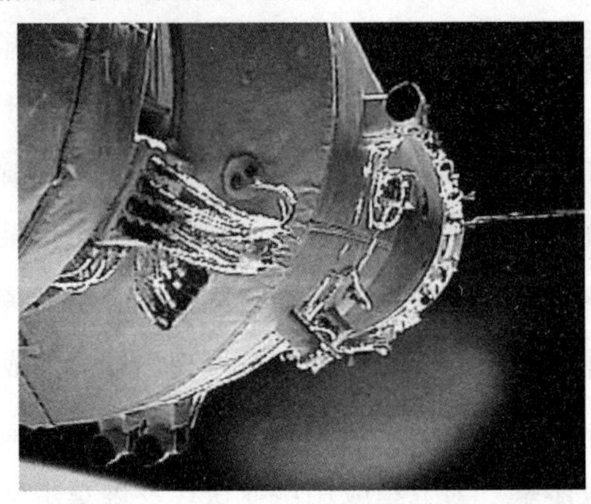

图 2-5　2013 年 6 月 13 日拍摄的北京航天飞行控制中心大屏幕显示，“神舟十号”与“天宫一号”对接

2．探月工程

2004 年，中国正式开展月球探测工程，分为“无人月球探测”“载人登月”和“建立月球基地”（“绕、落、回”三步走）三个阶段。10 年来，由国防科工局牵头实施的探月工程进展顺利。“嫦娥一号”2007 年 10 月 24 日发射，圆满完成探月一期“绕月”使命后于 2009 年 3 月成功受控撞月。“嫦娥二号”2010 年 10 月 1 日发射，获得了世界首幅 7 米分辨率的全月图，对

“嫦娥三号”预选的落月区域进行重点探测，已圆满并超额完成各项既定任务。2011年离开拉朗格日点L2点后，向深空进发，现今仍在前进，意在对深空通信系统进行测试。“嫦娥三号”2013年12月2日发射，12月14日实现月面软着陆，进行了“嫦娥三号”卫星和玉兔号月球车的月面勘测任务。“嫦娥四号”原本是“嫦娥三号”的备份星。探月二期“落月”任务完成后，“嫦娥四号”任务还在深化论证中。

“嫦娥三号”任务圆满完成后，我国探月工程全面进入“绕、落、回”三步走发展规划的第三期，计划于2017年前后执行“嫦娥五号”任务，实现无人自动采样返回。为突破和掌握航天器再入返回地球关键技术，工程决定先期实施再入返回飞行试验。北京时间2014年10月24日，我国自行研制的探月工程三期载人返回飞行试验器，在西昌卫星发射中心用“长征三号”丙运载火箭发射升空，准确进入近地点高度为209公里、远地点高度为41.3万公里的地月转移轨道。2014年11月1日，经过漫长而充满艰险的返回征程，中国探月工程三期再入返回飞行试验器的返回器成功在着陆区预定区域降落。继苏联和美国之后，中国成为成功回收绕月飞行器的第三个国家。它标志着中国已全面突破和掌握航天器以接近第二宇宙速度的高速再入返回关键技术，为确保“嫦娥五号”任务顺利实施和探月工程的持续推进奠定了坚实基础。

3．高分辨率遥感卫星

高分辨率对地观测系统重大专项（以下简称高分专项）是我国16个科技重大专项之一，被誉为践行创新驱动发展战略的“创新工程”，高分辨率对地观测的“天眼工程”，服务经济建设和社会发展的“应用工程”。

2013年12月30日，高分专项的首发星“高分一号”正式投入使用，高分专项的第二颗卫星“高分二号”卫星于2014年8月19日成功发射入轨。“高分二号”卫星国产化率达到了98%。这颗由10多个分系统、200

多台设备构成的卫星，大到整星小到陀螺等部件，几乎都是货真价实、名副其实的中国创造、中国制造。“高分二号”具有三大特点：一是分辨率高，空间分辨率优于 1 米；二是观测幅宽超过 45 公里，在现有遥感亚米级分辨率卫星中幅宽最大；三是设计寿命可达 5—8 年，创国产民用遥感卫星之最。此外，该卫星具备快速机动侧摆能力和较高的定位精度。所有这些都有效地提升了综合观测能力。

高分系列卫星将陆续在国土调查、环境保护、应急救灾、资源开发、农业估产和城镇规划等领域投用，打破我国高分辨率对地观测的数据长期依赖进口的局面。由于国产卫星的快速进步，国外同类卫星价格逐渐从“天价”降低到“平价”。

4. 北斗卫星导航系统

中国的北斗卫星导航系统已经成为与美国 GPS、俄罗斯 GLONASS、欧洲 Galileo 齐名的全球四大卫星导航系统之一。中国北斗卫星导航系统的建立，打破了国内高精度卫星导航信号依赖国外的局面，填补了我国在广域差分精密定轨技术领域的空白。北斗卫星导航系统虽然尚在建设阶段，但产业化前景十分广阔。

北斗卫星导航系统制定了“三步走”发展规划，从 1994 年开始发展的试验系统（第一代系统）为第一步，2004 年开始发展的正式系统（第二代系统）又分为两个阶段，即第二步与第三步。至 2012 年，此规划的前两步已经完成。

2004 年启动的“北斗二号”的建设，发展目标是对全球提供无源定位，与全球定位系统相似。计划整个系统由 35 颗卫星组成，包括 5 颗地球静止轨道卫星。截至 2012 年 10 月 25 日，我国共发射了 16 颗导航卫星，具备了对亚太大部分地区提供导航定位服务的能力。北斗卫星的精度与 GPS 相当，并且在增强区域（亚太地区），甚至会超过 GPS。2020 年 6 月 23

日，“北斗三号”最后一颗全球组网卫星在西昌卫星发射中心发射升空（如图 2-6）。

图 2-6　北斗三号的卫星发射

关键技术突破方面，北斗已经完成从天线到终端、从单系统到多模多频、从试验品到产品、从产品到系统解决方案等过程中的关键技术突破，具有自主知识产权的北斗 / GPS 双模芯片在可靠性、灵敏度性能方面进一步提升，尺寸、工艺、性能均已达到国际水平，市场实用化步伐进一步加快。

随着北斗专项工程的相应推出并不断落实，我国北斗卫星导航产业呈现出快速发展的态势。2013 年产值达到 280 亿元，预计 2015 年将超过 600 亿元，复合增长率达到 57%，到 2020 年将超过 2 500 亿元，届时，北斗卫星导航产业对我国卫星导航产业的贡献率将达到 64%。

（三）轨道交通装备的近期发展情况

轨道交通装备可以分为两类：铁路运输设备和城市轨道交通设备，在我国，铁路运输设备制造业的规模要远高于城市轨道交通设备制造业，前者 2013 年规模以上企业主营业务收入达到 3 016 亿元，而后者仅为 85 亿元。

21 世纪以来，中国轨道交通装备制造业走过了一条引进技术、消化吸收和自主创新的过程，目前已经形成了多方面的综合“硬实力”。在铁路装备方面，国产 CRH300 动车组已经在世界等级最高的京沪高铁上运行 3 年多，曾创下 486.1 公里世界高铁最高运营时速的记录。为应对复杂恶劣天气与地理环境，自主设计高寒动车组、防风沙动车组、耐高温高湿动车组。城市轨道交通装备方面，中国城市轨道交通装备的 85%以上已经实现自主化。这既包括地铁 A、B、C 型车，包括磁浮、单轨、直线电机、有轨电车等城市轨道交通特殊车型，也包括信号、牵引、制动系统以及转向架、网络控制等主要关键机电设备。

特别是以高铁为代表的高端铁路运输设备。我国国家领导人在进行国事活动中，多次向世界推介中国高铁，高铁俨然已经成为中国外交的一张新名片，正迎来新的“走出去”的契机，近两年中国“铁路外交”的案例（见表 2–2）。

表 2–2　近两年中国“铁路外交”案例

国家	时间	内容
泰国	2013.10	李克强访问泰国，与时任泰国总理出席中国高速铁路展开幕式，推介中国高铁技术，达成了“大米换高铁”的合作意向
罗马尼亚	2013.11	李克强在与罗马尼亚总理会晤期间，达成了合作建设罗马尼亚高铁的意向
匈牙利和塞尔维亚	2013.11	李克强与匈牙利和塞尔维亚总理共同宣布，合作建设连接贝尔格莱德和布达佩斯的匈塞铁路
英国	2013.12	英国首相卡梅伦访华，获赠中国高铁模型，李克强总理向其力荐这一高端的中国制造产业
埃塞俄比亚	2014.05	李克强访问埃塞俄比亚，要在非洲建立高铁研发中心
英国	2014.06	李克强访问英国，双方将推动高铁等流域合作
巴西	2014.07	中国、巴西、秘鲁发表《中国—巴西—秘鲁关于开展两洋铁路合作的声明》，三方将扩大南美洲交通基础设施建设，实现巴西同秘鲁铁路贯通

近年来，中国轨道交通行业的两家领军企业——中国南车和中国北车进入国际化发展收获期，出口额大幅提升，国际化程度不断提高。中国的

动车组、城市轨道列车、电力机车的高端产品，纷纷进入世界市场，已经在全球 80 多个国家和地区拥有了自己的用户。2014 年 3 月，中国南车在南非约翰内斯堡市与南非国营运输公司签订价值超过 20 亿美元的电力机车销售合同。这是目前我国轨道交通行业企业所获得的海外最大订单。2014 年 10 月，美国马萨诸塞州交通局正式批准向中国北车采购 284 辆地铁车辆。这是继 2011 年获得法国的订单后，中国北车再次获得欧美国家的轨道交通装备整车订单。自此，中国北车轨道交通装备实现了亚洲、欧洲、非洲、北美洲、南美洲、大洋洲六大洲的覆盖。

已经有 100 多个国家元首、政要和代表团考察了中国高铁，目前，中国铁路建设在利比亚、尼日利亚、阿联酋、阿曼、伊朗、亚美尼亚、塔吉克斯坦、哈萨克斯坦、吉尔吉斯斯坦、巴基斯坦、柬埔寨、泰国、马来西亚、菲律宾、澳大利亚、委内瑞拉等国家几乎都有普通铁路建设、电气化改造建设、高铁建设项目。近一两年以来，美国、俄罗斯、巴西等国纷纷制订了规模空前的高速铁路发展计划，即便是法国等“老牌高铁国家”也相继表示，将延长高铁里程、提升高铁品质。预计未来 10 年，全球高铁里程将至少增加 1 倍，全球正步入高速铁路发展的黄金时代。目前，美国、俄罗斯、巴西、沙特、土耳其、波兰、委内瑞拉、印度、缅甸、柬埔寨、老挝、泰国等几十个国家都希望我国参与他们国家的铁路项目，有些项目已经开始实施。

中国高铁的竞争力并不仅仅在于价格优势，在包括高速铁路在内的高端装备领域，技术实力和为用户提供全面解决方案的能力才是决定能否赢得订单的最重要因素。中国高铁在短短十几年内已经形成了装备、技术、建设、实践、管理等方面的综合“硬实力”。

尽管中国的高铁起步晚于欧洲、日本等，但中国在高铁方面的实践比世界上任何一个国家都多。中国高铁的运营里程数差不多是其他所有国家里程数的总和，运营发展规模和积累的经验难以被别国超越。从建成京津城际高铁，到横贯东西南北“四纵四横”高铁干线网络初步成型，中国用时不到 10 年。目前，中国高铁无论是投产运营里程，还是在建规模都居全球首位。因此，中国自 2008 年运营首条高铁以来，已拥有基础建设、装备研发、运营里程等多元综合优势。

而在成本控制上，中国高铁平均造价为 1—1.5 亿元公里，仅相当于海外的 1／3—1／2。而德国法兰克福—科隆线约合 3 亿元／公里，韩国 2004 年通车的高铁路基部分造价为 2.5 亿元／公里。更不用说，一直以来中国所具备的在基建、管理等方面的优势。

（四）海洋工程装备的近期发展情况

近几年来，我国海洋工程装备制造业取得了长足进步，特别是海洋油气开发装备具备较好的发展基础。我国已基本实现浅水油气装备的自主设计建造，部分海洋工程船舶形成品牌，深海装备制造取得一定突破。此外，海上风能等海洋可再生能源开发装备初步实现产业化，海水淡化和综合利用等海洋化学资源开发初具规模，装备技术水平不断提升。

但与世界先进水平相比，我国海洋工程装备产业的发展仍处于起步期，高端海洋工程装备的核心关键技术依然存在对外依赖的情况。以钻井平台为例，平台总装属于附加值较低的生产环节，核心装备建造、运营服务等则属于附加值较高的知识密集型和技术密集型领域。造价 5 亿—6 亿美元的平台中，钻井设备的价值就高达 2 亿美元，即核心设备占据总造价的 1／3。发达国家企业已经占据了海洋工程装备的高附加值领域，中国目前尚处于低端环节。

1．深海潜水器

（1）“蛟龙号”载人潜水器。

“蛟龙号”载人潜水器是我国第一台自行设计和自主集成研制的载人潜水器，主要应用于中国深海科考。它采用厚度极高的钛合金艇壳，极限深潜深度达到 7 000 米级（如图 2-7）。2012 年 6 月 27 日，“蛟龙号”在西太平洋的马里亚纳海沟海试成功下潜至 7 062 米，刷新了世界同类作业型载人潜水器下潜深度纪录，也标志着我国深海载人潜水器达到国际先进水平。

图 2-7　“蛟龙号”载人深海潜水器

（2）“海马号”深海遥控无人潜水器。

2014 年 4 月 22 日，我国自主研制的首台 4 500 米级深海遥控无人潜水器作业系统“海马号”，搭乘“海洋六号”科考船在南海中央盆地完成了海上试验，并于 4 月 18 日通过了海上验收（如图 2-8）。“海马号”是我国迄今为止自主研发的下潜深度最大、国产化率最高的无人遥控潜水器系统，并实现了关键核心技术国产化。此次海试的成功标志着我国掌握了大深度无人遥控潜水器的关键技术，并在关键技术国产化方面取得了实质性进展，是我国深海高技术领域继“蛟龙号”之后的又一标志性成果。

图 2-8 “海马号”深海遥控无人潜水器

2. 海洋油气开发装备

随着海上石油开采的发展，国际上对海洋油气开发装备的需求越来越旺，海洋油气开发装备成为全球海洋新兴产业，利润是传统船舶制造业的8~10倍。国际上，传统的海洋装备制造强国是新加坡、日本、韩国等国家，近几年，中国船舶企业逐渐崭露头角。以海上石油开采的支撑式平台订单为例，2012年新加坡拿到了国际上50%的建设订单，而中国只有20%；2013年的情况则刚好相反，中国拿到了全球50%的此类订单，新加坡拿到20%。我国在深海油气装备方面也从只能从事结构制造到整体能力取得了实质性提升，在部分产品领域的开发设计技术、关键技术等方面取得了一系列突破。

（1）深水半潜式钻井平台。

我国突破了深水半潜式钻井平台总体开发设计技术，掌握了深海半潜式钻井平台建造各项关键技术和工艺方法，具备了第六代深海半潜式钻井平台的自主设计建造能力，大幅提升了我国在海洋工程装备领域的国际竞争力。自主研制的“海洋石油981”深水钻井平台是当今世界最先进的第六代超深水半潜式钻井平台，最大作业可达水深3 000米，最大钻井深度可达10 000米，已于2012年5月在南海深水域成功开钻（如图2-9）。“海洋石油981”的建造成功，填补了我国深水钻井特大装备项目的空白，对加快我国深水油气资源勘探开发、维护海洋权益具有十分重要的意义。

图2-9 “海洋石油981”南海开钻

在“海洋石油 981”成功研制的基础上，目前我国已经开发出 750 米、1 500 米、2 300 米等不同水深系列的半潜式钻井平台。此外，在高技术船舶科研计划的支持下，首艘 3 000 米深水铺管起重船“海洋石油 201”、首艘 3 000 米深水工程勘察船“海洋石油 708”、亚洲最大的 12 缆深水物探船“海洋石油 720”等一批深海海洋工程装备相继建成并投入使用，我国深海海洋工程装备发展的大幕已经拉开。

（2）深海钻井船。

钻井船是海上油气勘探开发的主要设备。随着各国油气勘探走向深海，深海钻井船扮演着越来越重要的角色。2014 年 11 月，中国建成首艘拥有全部知识产权的深海钻井船，正式将其命名为“华彬 OPUS TIGER1 号”（“老虎一号”）。

该钻井船填补了中国在高端深水海洋钻井船领域的空白，无论在性价比、使用效率、能耗以及可靠性方面都达到了世界先进水平。该项目从方案设计到船体建造，包括重要设备采购、全船设备安装调试，都由上海船厂完成。

TIGER 系列钻井船设计排水量为 46 000 吨，能在水深为 1 700 米的海域进行作业，钻井深度可达 12 000 米，配有目前世界上最先进的防喷器、水下和井控系统等设备，可用于勘探井和生产井施工。该船具有自航能力，可配备 150 名船员，将入级美国船级社（ABS）。

（3）深海浮体系统。

2013 年 7 月，由武昌船舶重工有限责任公司承制的深海浮体系统交付巴西石油公司，这是迄今世界上建造的最大型水下立管支撑浮体系统，大大拓宽了海上石油开采范围，可以适应更深更复杂的海洋环境。它不仅采用世界上最先进的理念和技术，建造全程还坚持了国际化的管理标准以及质量安全控制，标志着中国具备世界先进的高端海洋装备制造水平。

该项目建造全程由挪威船级社、法国船级社、德国劳氏船级社共同审核、批准、监督，产品设计理念和建造水平达到世界顶级水平。此次交付的 4 套浮体及 16 套锚座，将在位于巴西近海 300 公里的桑托斯盆地深海油田服务 27 年，作业深度在水深 2 250 米的海底。

（五）智能制造装备的近期发展情况

智能制造装备是先进制造技术、信息技术和智能技术的集成和深度融合。智能制造装备产业涉及领域较宽，包括高档数控机床与基础制造装备；智能控制系统；智能专用装备；自动化成套生产线；精密和智能仪器仪表与试验设备；关键基础零部件、元器件及通用部件；等等。当前，在我国智能制造装备产业中高档数控机床、工业机器人、智能控制系统、3D 打印设备等子领域的发展受到较多关注。

1．高档数控机床

我国高档数控机床近几年得到快速发展，已在航空航天、船舶、汽车、发电等高端制造业得到初步应用。一大批数控机床关键制造技术得到突破，多种构型的国产五轴联动及复合加工机床实现了在用户生产现场的小批量应用，广泛用于飞机结构件、大型水轮机叶片等多种复杂零件的加工，加工材料涵盖了铝合金、钛合金、不锈钢、复合材料等。

五坐标数控龙门机床方面，济南二机床集团有限公司的 XKV27 系列龙门移动式五轴联动镗铣床，配备大扭矩机械式 A／C 双摆角数控万能铣头，工作台面宽度可达 5 米，长度可达 40 米，已在鞍钢重型机械有限责任公司、上海航天设备制造总厂应用。中航工业北京航空制造工程研究所的 G5 2560 ABJ 五坐标数控龙门铣床配备 A／B 摆角式机械主轴头，适用于钛合金、合金钢等复杂飞机结构件加工，目前已在中航工业成飞等多家飞机制造企业应用。

五坐标立式加工中心方面，以沈阳中捷的 VMC 25100U、中航工业北京航空制造工程研究所的 V5 1030 ABJ 为代表的国产五坐标立式低速加工中心（A / B 摆角）已在中航工业成飞用于飞机钛合金零件加工，基本满足钛合金航空结构件的五轴加工需求。

五坐标桥式机床方面，中航工业北京航空制造工程研究所的 B5 2580E 桥式五坐标高速数控龙门铣床，工作台尺寸为 2.5 米 × 8 米，主轴转速达到 24000 转 / 分，已有多台在我国航空制造企业应用。济南二机床集团有限公司的 XHSV25 系列机床配备大功率、高转速双摆角数控万能铣头，工作台面最大宽度可达 5 米，长度最大可达 30 米，已在航天二院二八三厂应用。

数控系统方面，中高档数控系统的开发和生产取得明显进展，部分国产数控系统已配套五轴联动数控机床。已初步解决了高档数控系统的多通道、多轴联动、绕刀具中心旋转、静态误差补偿等技术难题，开发了与数控系统配套的伺服驱动及电机等硬件，形成了系列化产品。

数控机床功能部件方面，形成了一批具有自主知识产权的功能部件，部分性能指标已接近国际先进水平。国产功能部件已研制出了高速主轴、高速滚珠丝杠、重载直线导轨、数控转台、刀库与机械手、A / C 双摆角数控铣头等产品。尤其是作为五轴联动数控机床关键功能部件的双摆角铣头，如济南第二机床集团研发的 A / C 双摆角数控万能铣头（如图 2-10）。

图 2-10　济南第二机床集团研发的 A / C 双摆角数控万能铣头

2. 工业机器人

中国尽管已经成为世界最大的工业机器人市场，但自主生产的工业机器人占比并不高。据机器人产业联盟统计，中国机器人本体制造企业 35 家，其中内资 26 家。2012 年国内工业机器人企业年产量均小于 500 台。2012 年本土品牌机器人销量仅 1 112 台，独资及合资品牌销量高达 25 790 台，市占率分别为 4%和 96%。

中国的机器人产业整体上还处于起步阶段，与发达国家相比，我国工业机器人产业仍存在较大差距。一是产业基础薄弱，在减速器、控制器、伺服电机等核心零部件方面还严重依赖进口。二是产品以中低端为主，我国自主品牌工业机器人还是以中低端的三轴、四轴机器人为主，高端的六关节轴机器人占比还不足 6%。进口的多关节机器人占全国工业机器人销量的比重已达 62%，自主品牌的产品还远远不能满足国民经济的发展要求。三是存在较大的技术差距，主要体现在：软件方面，没有形成一套自主的理念和系统；硬件方面，核心零部件无法满足要求；软硬件配合度不高，最易出故障的地方主要是机械部分与软件冲突。

机器人共有 4 大组成部分：本体、伺服系统、减速器、控制器，3 大关键零部件决定了产品的性能、质量及价格。国内大多数工业机器人研发公司除本体能够制作外，其他 3 个零件均依靠外购，因此本土品牌工业机器人成本较高。企业年产量在 1 000 台以下难以形成价格优势，只有年产量在 1 000 台以上，才有一定的规模效应。

目前工业机器人关键零部件中，国内外技术差距最大的是减速器和伺服电机。国内还没有能够提供规模化且性能可靠的精密减速器生产企业，全球 75%的市场被日本两家企业占据，纳博特斯克生产的 RV 减速器约占 60%，Harmonica 生产的谐波减速器约占 15%。精密减速器成为制约降低国产工业机器人成本的第一因素。伺服电机的主流供应商有日系的松下、安川和欧美系的倍福、伦茨等，国内汇川技术等公司也占据一定的市场份额。控制器的主流供应商包括美国的 Delta Tau 和 Gail、英国的 TRIO 和中国的同高、步进等公司。相对于减速器，伺服电机和控制器市场未形成主要厂商垄断现象，而且几大国际厂商在中国也建立了分工厂，供应充足，产品价格相对合理。另外，国内的一些公司在伺服电机和驱动器领域也有所建树，产品质量正在追赶国际厂商，占据了一定的市场份额。

从国内机器人制造企业来看，既有沈阳新松这样的中国工业机器人行业的拓荒企业，也有秦川机床、广州数控、大连光洋等数控机床企业向机器人行业的延伸，此外，还有一大批工业机器人应用行业的企业进入工业机器人行业。在行业大发展的过程中，中国工业机器人生产企业的实力进一步增强。

秦川机床于 2014 年 11 月，在第十六届中国国际工业博览会上展示了公司研发的工业机器人核心零部件——减速器。该产品已对接广州数控、华中数控等下游大客户，主要针对目前主流的 165 千克机型，比国外同类产品便宜 1 / 3，销售情况良好。公司目前利用现有生产线改装，2014 年大约可以生产 7 000 台。

广州数控 2008 年开始立项研发工业机器人减速机，2014 年，在 RV 减速机最重要的两个性能——精确性和稳定性上都取得了突破，已经取得了两项工业机器人减速机专利，分别应用于公司的机器人及各种变位机上。目前公司的 RV 减速机已达到年产 300 台以上，精度已经接近世界先进水平，能满足市场的大部分需求。在机器人主体和集成方面，广州数控已成功研制了成熟的 RB 系列工业机器人，RB 系列搬运机器人是广州数控自主研发的六关节工业机器人，可以广泛应用于搬运、弧焊、涂胶、切割、喷漆、科研及教学、机床加工等领域，其中搬运、码垛、装配等机器人产品已开始批量推广应用，并实现在 100 多家企业自动化生产线上的应用。

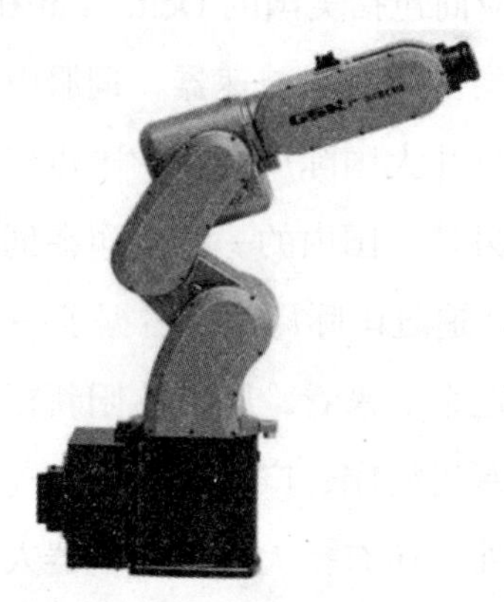

图 2-11　RB 系列工业机器人

沈阳新松自 2000 年成立伊始，已成为中国最大的机器人产业化基地。其自主研发了中国第一台工业机器人样机、中国第一台 AGV 自动导引车、中国第一台焊接机器人、中国第一台洁净（真空）机器人、中国第一台政务机器人。国产机器人批量实现出口，结束了机器人没有出口的历史。目前，沈阳新松已在工业、交通、能源、军工、民生五大产业领域呈现出了强劲的发展态势。

3. 智能控制系统

随着信息化在生产领域以及人类生活中的深入发展，智能控制系统越来越广泛地应用于各类生产生活装备之中。欧、美、日等发达国家代表了当今智能控制系统的最高技术水平，几乎所有相关技术都是由它们最先发明或采用的，其产品经过长期的检验，技术先进、质量可靠，具有很强的品牌优势。在全球智能控制系统领域领先企业中，美国、德国、日本的企业最多，而其中尚未有中国企业。

目前，应用最广泛的智能控制系统主要有集散控制系统（DCS）和可编程控制器（PLC）。传统上 DCS 主要应用在电力、石化和化工、冶金等大型工业领域，随着 DCS 技术向信息化和集成化方向发展，其已经不是一个单纯发挥控制功能的控制系统，而是日益走向充分发挥信息管理功能的综合平台系统。PLC 主要应用于开关量的逻辑控制、模拟量控制、运动控制、过程控制、数据处理、通信及联网等领域。高速度、大容量、多品种及可编程自动化控制器（PAC）是 PLC 的未来发展方向。

近年来我国智能控制系统的发展很快，2013 年，流程工业用国产 DCS 控制系统已具备参与国际竞争的实力，国内市场占有率已过半。百万千瓦超超临界火电机组、阳江核电 5 号和 6 号机组、年产 45 万吨合成氨、轨道交通等多项重大工程项目都采用了国产数字控制系统（DCS）。目前，国产 DCS 在火力发电设备领域的占有率超过 30%，其中 30 万千瓦煤电机组用 DCS 的市场占有率接近 50%，总体反应良好，特别是在产品价格上有明显优势。秦山核电站国产核电设备配用的 DCS 也由国内提供。

（1）大型集群风电有功智能控制系统。

2010 年 6 月，国家电网所属甘肃省电力公司和国网电科院共同研发的国内首个大型集群风电智能控制系统在甘肃投入运行，实现了实时风电有功功率控制，在确保电网安全稳定运行的前提下进一步提升了电网输送能力。大型集群风电有功智能控制系统，旨在确保在电网安全稳定运行的前提下最大限度地提高电网输送能力，力争达到地区风电场出力整体最优化的目标。目前，该系统一期工程已应用于酒泉地区的 9 座风电场，可根据电网接纳能力自动控制风电场发电出力，实现对风电的智能控制，对于今后风能、太阳能等可再生能源的充分利用具有重要意义。

（2）大型炼化集散控制系统。

2011 年 9 月，杭州和利时自动化有限公司为青岛石化 500 万吨级炼油装置研发设计的集散控制系统通过项目鉴定，这套国产炼油装置集散控制系统已满足大型炼油化工联合装置的应用需要，达到了国际 DCS 应用水平，可在大型炼油化工联合装置中推广应用。

（3）国产千万吨级炼油装置智能控制系统。

2011 年 12 月，由浙江中控技术股份有限公司和中国石化长岭分公司共同攻关实施的“千万吨级大型炼油装置智能控制系统”完成全流程装置的调试运行，成功实现首个千万吨级炼油装置国产智能控制系统的全线应用。千万吨级炼油联合装置具有规模大、流程长、易燃易爆等特点，对控制系统的可靠性有极高的要求。该智能控制系统成功实现了千万吨级炼油装置生产过程控制、安全管理、储运监管、视频监控以及信息集成的统一自动化，实现了全流程智能检测与控制，完全打破了国外公司对我国千万吨级炼油装置进行垄断的局面，彻底改变了我国大型高端自动控制系统依靠国外、低端控制系统选用国内的市场格局，有力地保障了我国重大炼油工程实行自主实施和运行的能力。

（4）具有自主知识产权的核安全级 DCS。

DCS 系统是核电站重大关键性成套设备之一，扮演着核电站“神经中枢”的角色，对保证核电站安全、可靠及稳定运行发挥着重要作用。随着我国核电站建设进入集约化、标准化、规模化的新阶段，具有自主知识产权的国产 DCS 系统的工程应用对我国核电项目建设的意义重大。2013 年 11 月，北京广利核系统工程有限公司完成阳江核电 5 号、6 号机组核级 DCS 工程样机的系统设计，标志着我国自主研发的核级 DCS 系统正式进入工程应用阶段，我国成为继美国、法国、日本后第四个掌握该技术的国家，而广利核也成为继美国西屋、英维斯、法国阿海珐、日本三菱之后，全球第五家掌握自主知识产权核级 DCS 的企业。

4. 3D 打印设备

3D 打印技术，是“增材制造”（Additive Manufacturing）技术的俗称，该技术问世于 20 世纪 80 年代，其加工理念与传统去除多余材料形成零部件的机加工生产方式完全相反，近年来获得了突飞猛进的发展。运用该技术进行生产的主要流程是：应用计算机软件，设计出立体的加工样式，然后通过特定的成型设备（俗称“3D 打印机”），用液化、粉末化、丝化的固体材料逐层“打印”出产品。

3D 打印技术作为制造业智能化革命的一项重大突破，从全球发展来看，也是刚刚进入了工业化和实用化的初步阶段，还未形成广泛的工业应用。3D 打印产业链涉及打印设备、打印材料和打印服务三大部分。据几家相关机构的估算，2013 年全球 3D 打印产业总产值在 30—40 亿美元之间，其中，打印设备产值和打印材料产值比重相当，均超过总产值的 1/3，打印服务产值占比略小。

3D 打印技术目前存在的主要问题是，打印产品的外形粗糙不精细，产品内部强度、抗疲劳特性存在问题，因此，短时间还无法完全代替传统加工制造业。目前，3D 打印技术给工业带来的最大变革是结构设计，在工业设计领域应用 3D 打印后，设计思维可以尽情展现的同时，设计成本大幅下降。而 3D 打印更高一层应用是在国防大工业上的高性能金属构件生产，以及生物医学支架。

欧美等西方发达国家在 3D 打印技术应用方面总体居于领先地位。3D 打印产业排名前 4 位的企业分别是美国 3D Systems 公司、Stratasys 公司，以色列 Object 公司和德国 EOS 公司，它们占据全世界近 70%的市场份额。而中国 3D 打印企业中，尚无一家企业收入过亿（见表 2-3）。

表 2-3　添加制造技术工艺及代表企业

工艺	代表企业	材料	市场
光聚合技术	3D Systems（美国） EnvisionTEC（德国）	光敏聚合物	快速成型
材料喷射	Objet（以色列） 3D Systems（美国） Solidscape（美国）	聚合物 蜡	快速成型 铸造模型
黏结剂喷射	3D Systems（美国） Exone（美国） Voxeljet（德国）	聚合物 金属 铸造用砂	快速成型 压铸模具 直接部件
材料超充	Stratasys（美国） Bits from Bytes（美国） RepRap（美国）	聚合物	快速成型

续表

工艺	代表企业	材料	市场
粉末床融合	EOS（德国） 3D Systems（美国） Arcam（瑞典）	聚合物 金属	快速成型 直接部件
片层叠	Fabrisonic（美国） Mcor（爱尔兰）	纸 金属	快速成型 直接部件
定向能量沉积	Optomec（美国） POM（美国）	金属	修理 直接部件

资料来源：黄健，姜山. 3D 打印技术将掀起"第三次工业革命"新材料产业，2013（1）.

中国 3D 打印技术起步于 20 世纪 90 年代初期，目前产业发展仍处于起步阶段。经过多年的发展，我国 3D 打印技术与世界先进水平基本同步，部分技术领域已达到国际先进水平，已成功研制出一批 3D 打印工艺装备，并在航空航天、汽车、生物医疗、模具制造、文化创意等领域得到初步应用。3D 打印机主要分为三大类，分别是桌面级、工业级和生物医学级。中国在工业级 3D 打印机的稳定性、精密度、材料等领域与国外还有一些差距，但率先突破了在大型复杂金属结构件制造方面的技术障碍，走在世界的前列。例如，北京航空航天大学首创 3D 打印制造飞机大型钛合金部件，使中国成为迄今国际上唯一实现激光成型钛合金大型主承力关键构件在飞机上实际应用的国家。

（1）3D 打印技术在我国航空航天领域的应用。

中国 3D 打印技术在航空航天领域的应用走在世界前列，多个型号军用和民用飞机使用了 3D 打印部件，部分技术已达到世界领先水平。仅在中国民机制造方面，3D 打印技术就已经用于 C919 大型客机、APd21 新支线飞机、MA 系列飞机等 10 多个型号的精密熔模铸造生产中，大幅提高了工装研制效率，缩短了产品研制周期。在军用飞机制造领域，已经有首飞成功的机型使用了 3D 打印技术制造钛合金主承力部分，包括整个前起落架。目前，我国成为世界上继美国之后第二个掌握飞机钛合金结构件激光快速成型及技术的国家。在航天领域，也有 3D 打印导航产品零件成功生产。

我国制造出了迄今世界尺寸最大的飞机钛合金大型结构件激光快速成型工程化成套设备，并使用该设备生产出我国自主研发的大型客机C919的主风挡窗框。“激光立体成型”3D打印技术也用于C919飞机的中央翼根肋制造，与传统锻件相比节省了90%以上的材料，并且其性能经过测试也优于传统锻件。

目前3D打印技术在飞机的设计、制造和维护全过程中都得到有效应用。在研制阶段，可以制造等比例模型；在制造阶段，可用于加工制造关键零部件；在维修过程中，可用同一材料将缺损部位修补成完整形状，修复后的零件性能不受影响，大大节约了时间和成本。

（2）我国生物3D打印技术的突破。

2014年9月，杭州电子科技大学基于细胞3D打印技术，研发生物3D打印机，成功打印出人类肝脏单元、脂肪组织等。通过3D打印机打印出的细胞存活率高达90%，能够存活长达4个月之久。该项研究处于生物3D打印领域的最先进水平。

细胞3D打印是制造人工组织器官的核心技术，是在组织器官解剖学数字模型驱动下，定位装配活细胞单元，制造组织或器官前体的新技术。这一领域还处于基础研究阶段，部分研究成果正向应用转化。细胞3D打印是目前3D打印领域研究的最前沿之一，在个性化定制人工假体、组织工程支架、组织器官的制造等方面有独特优势，已经在生命科学基础研究、临床医学和药物开发领域显示出巨大的应用价值。

第二节 装备制造业“大而不强”的现状和制约因素

尽管我国已经成为世界最大的装备产品生产国和出口国，并且进入21世纪后显露出从规模型增长向质量型增长转变的势头，但与以德国、日本和美国为代表的装备制造业发达国家相比，我国装备制造业仍然是“大而不强”，其背后是长期没有得到根本性解决的自主创新能力不足的问题。此外，2008 年下半年以来，国际金融危机的深化又使我国装备制造业依靠外需逐步升级的发展模式受到了来自需求方面的严重冲击，从而使长期性的“调结构”问题与相对短期的“扩需求”问题交织在一起。

一、“大而不强”的主要表现

我国装备制造业发展的现状是“大而不强”，“不强”实质上是结构性问题，是产业结构低度化的综合表现。其主要体现在：

（1）从产业链分工的角度看，产出能力过于集中在制造环节中的劳动密集工序，现代制造服务业发展严重不足。21 世纪以来，我国装备制造业的高速增长与国际制造业产业链条的片断化及部分产品、部分环节向我国转移有着不可分割的联系。我国在成为机械产品重要需求市场的同时，也正在成为供应国际市场的重要制造基地。在目前装备制造业国际产业分工格局中，发达国家制定产品标准，将劳动密集型、资源耗费型和环境影响较大的产品和生产环节大量向包括我国在内的发展中国家转移，通过举办独资或合资企业生产或市场化采购的方式，再从发展中国家进口符合标准要求的机械产品。作为承接这种产业转移的我国，虽然装备制造业因内外需求的扩大，拉动了产业大幅增长而有所获益，但因制造能力集中于低附加值环节而与所付出的代价相比获益菲薄。

这种国际分工体现在外贸中：一是加工贸易在出口中占很高比重，而加工贸易出口的主体又以外资企业为主。2007 年，我国机械产品出口扭转了多年来加工贸易出口额高于一般贸易出口额的局面，但 2012 年加工贸易占出口总额比重仍高达 36%，其中，三资企业加工贸易出口额占加工贸易出口总额的 88%。二是对装备制造业发达国家的出口仍然以加工贸易为主。2012 年，对美国、日本的加工贸易出口分别为 236 亿美元和 192 亿美元，占对其出口总额的比重分别为 42%和 65%，这表明对美国、日本的机械产品出口以外资企业的经营返销为主，我国企业只赚取了少量的劳务加工费。三是一般贸易出口的增长依靠发展中市场，以较高的性价比取胜，但对价格竞争的过度依赖也削弱了出口获益。如贸易竞争力增长很快的工程机械行业，长期以来，我国工程机械出口市场主要以亚洲为主，基本占据半壁江山，非洲是我国出口的第二大基地，近年来我国对俄罗斯的出口也很大，而欧盟由于具有良好的产业基础、严格的认证体系，我国工程机械在欧洲市场的占比相对较小。

（2）从产品结构的角度看，一般低水平加工产品和普通产品占绝对比重，重大技术装备总体上仍存在较大差距。一是产品结构仍然以中低端为主。以金属加工机床为例，同为 4 大机床生产大国，日本、德国、美国的机床产量以高档数控机床为主，日本、德国的机床产值数控化率都接近或超过 80%；中国目前不足 50%，中高端数控机床在数控机床中的比重还较低，而能够满足能源、铁路机车、航空航天、汽车制造等行业的高速、精密、多轴联动的大型机床以及高可靠性和稳定性的机床来实现产业化生产，还有许多工作要做。二是重大技术装备方面，总体来看差距依然巨大。虽然近年来重大技术装备的突破性创新不断涌现，其中，发电设备、输变电设备已经达到或接近世界最高水平，但在更多的领域，我国大型装备成套技术发展缓慢，性能不稳定、可靠性差。以石化装备为例，目前，国内产品技术水平只相当于国外 20 世纪 80 年代末和 90 年代初的水平。

（3）从产出结构与国内需求结构的契合度来看，低端多过剩高端多空白。目前，我国装备产品的国内市场占有率超过 80%，是改革开放以来的最高水平，即使同其他装备制造业大国相比该比率也不低。但从产品档次来看，低端生产能力过剩，中端生产能力正迅速扩大，而高端产品还存在很大空白。虽然机械产品供给结构不断升级，但在许多领域仍无法满足我国正处于重化工业化阶段、结构迅速高度化的需求市场。以数控机床为例，根据中国机床工具协会提出的《机床行业三年（2009—2011）振兴目标》，目前，我国航空航天、船舶、汽车、发电设备等行业国产高档数控机床的市场占有率不足 5%，中档以上数控系统和功能部件的自配率不足 20%。这也从一个侧面表明了国产数控机床，尤其是高档数控机床仍无法满足国内市场需求。

二、结构升级的主要制约因素

我国装备制造业的结构性问题由来已久，其背后最核心的问题依然是自主创新能力不足。与此同时，社会化配套协作能力的严重缺失，以及粗放式增长的路径依赖也对结构升级形成了严重制约。

（1）技术创新能力不足。

尽管21世纪以来我国装备制造业的自主创新能力有了很大程度的提高，并在重大技术装备领域探索出一条利用重大工程设备招标吸引国际领先企业转让技术、国内企业实现消化吸收创新的道路，但是总体上看自主创新能力不足仍然是我国装备制造业转变增长方式、实现产业升级的最大制约瓶颈。当前，我国装备制造业中，无论是重大技术装备的研制还是基础机械产品的升级换代，“短板”仍然主要集中在核心技术、关键零部件、基础件和系统设计能力上。即使是近几年技术进步很快的机床、工程机械、发电设备行业，也受到这些因素的严重制约。例如，我国机床行业开始能自行设计及制造高速、高性能、五面或五轴联动加工的数控机床，但需要利用国外先进元部件、数控系统配套，并且对关键技术的消化、掌握及创新较差。另外，由于零部件发展严重落后于整机，工程机械行业 70%的利润被进口零部件吞噬，零部件生产技术、质量水平已经限制了我国工程机械整机的发展速度。国内包括电力、船舶、航空航天、石化装备等行业对大型铸锻件的需求日益增加，但高端产品国内无法生产，因进口大型铸锻件价格的飙升，国内电站锅炉行业虽然生产出了百余台超临界、超超临界锅炉但并未带来预期的经济效益，有些企业靠亚临界挣钱补贴超临界、超超临界的亏损。

（2）尚未形成合理的产业组织结构，社会化协作能力不足。

从世界机械装备工业的发展趋势来看，大型、复杂装备越来越趋向于系统总成采购，主机厂商致力于关键技术开发和系统集成研究，其利润源泉从单纯的制造业转向以生产服务业为主，因此，从产值看，大型装备行业的市场集中度逐渐趋高；与此相应，系统总成采购则依托于专业化的系统供应商，涉及基础装备、基础部件、加工辅具等行业，这类企业很可能是技术密集的但规模不一定大，因此，市场集中度也不一定很高。产业组织结构的优劣与否关键在于主机厂商和产业链上的其他厂商之间能否形成契合度较高的配套协作关系。近年来，我国装备制造业的一些领域，如发电设备、机床、工程机械等，已经形成了较高的市场集中度，但以石化装备为代表，更多的重大装备领域还缺乏具有系统成套、系统设计和工程总承包能力的大型企业。与大型企业的发展相比，更为落后的是配套企业的发展和各类企业之间的协作能力。在大多数领域，普遍缺乏主机生产企业与配套件生产企业的联合，提出产品质量要求、共同修改研发方案、提高产品技术水平和适用范围的稳定长效的协作关系。例如，在我国石化装备制造业中，鼓风机厂只造鼓风机、水泵厂只造水泵，产业链是割裂的，成套技术、系统的可靠性研究因无所依托而严重缺乏。

（3）长期平推式增长方式形成的路径依赖。

我国装备制造业这10年高速增长期形成的发展方式，是我国制造业的缩影，有学者形象地将其称为“平推式增长”。其基本特征就是大量企业在扁平的技术层次上扩大产能，核心技术缺失、产品同质化严重。在装备制造业领域我们同样可以看到，资金实力雄厚的企业依靠大规模投资，进口国外先进设备，热衷于在组件加工上尽快形成生产能力，以规模和低成本抢占市场；缺乏资金实力的企业则采用“山寨式”的创新，并通过“价格战”等形式进行逐底竞争。其结果必然是产品附加值越来越低，缺乏竞争力和抵御风险的能力。

政府助推在平推式增长方式的形成中发挥了重要作用，目前政府干预仍然在经济领域大量存在，通过补贴等政策工具创造需求和压低要素价格，从而扭曲了市场机制的作用；此外，企业在这样的外部环境中已经形成了路径依赖，习惯于从外部因素中求发展，通过市场营销和压低成本提高竞争力，而不是沉下心来提高企业内部能力，企业普遍缺乏在机械行业中最为重要的技术和经验的长期累积。后两方面因素的存在使得大量机械企业陷入转型升级困境，市场倒逼机制也无法激发出转型升级的能力和动力，大量企业将在日益激烈的竞争中逐步为市场所淘汰。

第三节　新阶段我国装备制造业面临的机遇和挑战

一、2008 年以后国内外经济的“新常态”

2008 年国际金融危机之后，世界主要经济体都适时推出了经济振兴政策，世界经济在 2009 年触底后很快反弹，但其后即陷入了波动中的低水平增长，直到今日也没有明显起色。在这一背景下，“新常态”概念被提出，用以描述现阶段经济增长在低水平上波动、高失业率和全球流动性过剩的状况，并认为这一状况将在较长时期内成为经济运行的“常态”。

从中国来看，进入 21 世纪的第二个 10 年，中国工业化进程步入了工业化后期，这对于中国的工业化进程来说将是一个重要的里程碑。在这样一个经济增长的新阶段，一个典型的特征是经济增速下降，潜在经济增长率下降，中国经济增长出现了结构性减速，将从投资驱动工业化高增长向效率驱动城市化稳速增长过渡。

中国经济“新常态”的主要特征表现为：经济从高速增长（10%）转为中高速增长（7%），经济结构发生全面、深刻的变化。需求结构方面，经济增长从对投资和出口的依赖转向更多地依靠消费和内需；产业结构方面，第三产业比重开始超越第二产业；要素结构方面，创新驱动力增强，技术和劳动生产率的改善对经济增长的作用更加突出；区域结构方面，东中西部的差距逐步缩小，京津冀、长江中游城市群、丝绸之路经济带等新的区域发展重点渐次崛起；城乡结构方面，城乡收入差距持续缩小，城镇化更加突出以人为核心，促进城乡一体化发展。

二、我国装备制造业面临的挑战

（1）国内外市场增速放缓。

从国内外机械产品市场的增长情况看，无论是出口市场还是国内市场，2011 年以来均呈现出明显的阶段性变化。2013 年，我国装备产品增速再创新低，其中机械装备同比增速仅为 6.2%，出现了罕见的低于全部货物出口增速的情况；机械装备产品国内市场增长率略高于上年，但与 2009 年之前连续几年 30%以上的增速相比，明显是进入了中低增长的新发展阶段。装备类产品的市场需求与宏观经济是否景气密切联系。全球经济仍处于深度调整期内，而中国经济则在调整的同时进入了投资需求相对平稳的工业化后期阶段。我国装备制造业的市场增长将更多地来自国内市场，在市场规模保持中速增长的同时，需求结构加速向中高端产品升级。与高速增长时期不同的是，我国装备制造业的增长将不再倚重于填补市场新增空间，以国产品替代进口会起到越来越重要的作用。

（2）成本费用刚性上涨，利润受到严重挤压。

我国经济发展已进入生产要素成本上升的阶段，从企业成本费用增长来看，呈现出长期上升的趋势。2012 年以来，装备制造业的成本构成中，尽管燃料动力、黑色金属等原材料成本出现了同比下降，企业三项费用的增速也大幅降低，但劳动力成本、环境成本仍处于长波段的刚性上升之中。原材料成本受经济景气波动的影响较大，近两年在机械装备中占较大比重的钢铁价格的下降，一定程度上减缓了机械装备企业成本上升的压力，但劳动力成本的上升，以及环境、土地等长期被压低的要素价格的刚性上涨，仍然导致企业成本费用总体上呈现出上升趋势。

（3）国际竞争加剧，我国将面临“前有狼后有虎”的来自发展中国家和发达国家的双重竞争压力。

发达国家“再工业化”以及新兴经济体的发展都会对全球分工格局产生显著影响。发达国家发展本国制造业将影响以出口导向为特征的发展中国家制造业的发展；刺激出口将加大国际工业品出口市场竞争；鼓励本国跨国公司制造业务回归将对发展中国家吸引外商直接投资产生影响。并且，在按产业链分工格局不会出现根本性变动的情况下，全球制造业基地有向更低生产成本地区转移的趋势。

第一，金融危机之后，欧美发达国家“区域生产模式”（销售地生产）的抬头，将有可能对以中国为代表的世界装备生产大国和出口大国产生较大影响，使这样的国家难以维持既往的高出口增长率，导致已经建立起来的出口导向型的庞大生产能力体系和生产体系陷入困境。

第二，会刺激发达国家的跨国公司为进一步提高产业链效率重新布局全球生产网络，寻求更低的成本洼地进行投资。而目前承接跨国公司产业转移较多的中国，由于劳动力、土地、环境等要素成本的上升在原有的产业环节上已经逐渐降低了比较优势，如果不能在更高附加值的产业环节上培育出比较优势，这些国家将面临外资流失，以及失去既有分工地位的危险。

第三，发达国家政府加快在科技创新和新兴产业领域的战略性部署，会对我国装备制造业相关产业的发展形成压制作用。由于在技术供给和市场需求方面，发达国家发展新兴产业的条件优于发展中国家，新兴产业的全球分工格局会向发达国家有所转移。而在装备制造业中的技术密集型和劳动集约型行业，发达国家通过加强技术投入强化对于技术制高点和关键环节的控制力，也会使中国等发展中国家沿产业链向上攀升的努力变得更为艰辛，从而固化高技术中间产品进口国和产成品出口国地位，中国被锁定在加工组装环节。

三、我国装备制造业面临的机遇

国内外环境的变化也给我国装备制造业带来了难得的机遇，中国站在了经济发展阶段转换的关键时期，全面深化改革将进一步激发市场机制的活力，形成以内需为主要动力、以转型升级为主要特征的对装备类产品的巨大需求；另外，当代世界科技革命突飞猛进，新能源、新材料、新加工方式，以及信息技术和传统产业以更加紧密的方式相结合，都将对装备制造业形成深刻的影响，中国作为世界最大的装备需求市场和装备生产国，世界科技革命将对其显示出难以估量的巨大影响力。

（1）中国已经进入工业化后期，城镇化进程显著加快。按常住人口占总人口比例衡量的城镇化率，从2000年的36.22%上升到2013年的52%，城镇人口平均每年增长1.21个百分点。2013年城镇人口总量为7亿，已超过农村人口。转移出来的2亿多的农业劳动力成为城市产业工人的主体的同时，也形成了巨大的消费群体，城镇化进程加快和消费结构的升级发展，是中国经济的内生增长力量。消费需求通过产业链的传递，则会进一步转化为对于装备类产品的需求。

（2）正在推进的全面改革，必将进一步激发市场活力，提高资源配置效率，改善装备制造业的外部环境，为推进装备制造业由大变强提供动力支持和体制保障。尤其是在产品市场方面，尽管目前我国装备制造业自身的市场化程度很高，但其产业链下游的需求方还存在较多的垄断性企业，与装备制造企业处于不对等的地位。《决定》提出，“进一步破除各种形式的行政垄断”，随着下游垄断性行业市场准入的逐步放开，大型、中高端设备需求方的行为更加市场化，将有利于中高端机械创新性产品的市场化应用。

（3）我国制造业进入转型升级的关键时期，必将带动传统装备制造业的产业升级和先进、高端装备制造业的发展，而全球新一轮科技革命和产业变革则为我国装备制造业实现后来居上提供了难得的赶超机遇。新一轮科技革命和产业变革正在孕育兴起，互联网与新能源、新材料、增材制造等成为引领力量，其核心就是制造业的数字化、网络化、智能化，它将推动生产方式变革和新兴业态产生，重塑全球装备制造业格局。

而这类赶超在国际上是有先例可循的。20 世纪 70 年代后半期，日本数控机床对于美国的赶超，正是将当时的新技术——数控技术，与快速增长的新需求相结合的成功先例。数控技术是美国发明的，但只是把其应用于少数尖端领域，而当时“柔性制造模式”正在全球兴起，这一制造模式要求经济型的、更为灵活和高精度的加工设备，日本机床制造业抓住了这一契机，将技术创新的方向选定为低成本生产通用数控机床，大批量制造带来了生产成本的下降，使国内外市场对通用机床的需求进一步扩大。由此，日本的通用数控机床不仅满足了国内需要更开始大量进入美国市场，并进一步在美国建立制造基地。

第三章　装备制造业集群式创新的相关理论

第一节　产业集群与产业创新理论

一、产业集群理论

经济全球化和要素自由流动背景下，产业集群现象日益受到人们的关注，对产业集群的研究已经成为热点。特别是 20 世纪 90 年代以后，产业集群已成为国家和地区提升产业竞争力和促进区域经济发展的重要研究对象。典型的如意大利的东北部和中部地区（又称“第三意大利”）、德国的南部地区、美国的硅谷和 128 公路地区、英国的剑桥工业园、印度的班加罗尔地区、法国的安蒂普利斯地区、日本的筑波科技城、中国台湾地区的新竹，等等，无不因其产业集群发展所显示的强大竞争力而闻名于世。现代区域经济发展的实践表明，产业集群发展与区域经济竞争力提升呈良性互动关系，产业集群不仅可以成为当地经济发展的主导力量之一，而且也可以成为优化区域产业布局、提高区域产业竞争力的新动能。

（一）产业集群的内涵

迈克尔·波特认为，产业集群是指基于产业关联和设施共用，一系列企业和专门化供应商、服务提供者等相关机构在特定区域地理上紧密联系而形成的聚集群体。产业集群本质上可以认为是一种社会网络，是由集群内行为主体（包括企业、大学、科研机构、政府机构等）在业务合作、人才流动、交换资源、信息传递活动过程中发生联系时有选择地建立各种关系的总和。这些关系有时是基于共同的社会文化背景和共同信任基础上结成的非正式关系；有时发生在市场交易或知识、技术等创造过程的正式合作关系中。产业集群网络的基本构成要素是众多的节点和节点之间的相互关系，在网络型组织中，节点是由企业、机构和中介组织或是它们的混合组成，每个节点之间都以平等身份保持着互动式联系。如果某一项目标需要若干个节点的共同参与，那么它们之间的联系会有针对性地加强。从网络的对象和内容看，与集群有关的网络有学习网络、信息网络、生产网络、创新网络、营销网络、文化网络和制度网络等；从范围来看，有集群内部网络、外部网络和国际网络等。良好的产业集群网络有助于形成合理的产业集群生产经营机制，促进网络中企业的竞争力和产业集群竞争力的相互依存和共同提升。

产业集群是区域创新网络的一种重要实现方式。创新是区域经济发展的根本动力，但是由于创新活动的复杂性，单个企业难以有效地开展创新活动，往往需要多个相关企业的协同作用和共同参与，形成创新网络，这一要求恰好为产业集群的网络特性所体现。首先，产业集群内部的企业、科研机构、中介组织等行为主体通过市场需求、专业知识、科技信息、研发人才等方面资源的交流互通和共享，可以形成创新的重要来源和重要物质基础；其次，集群内相关企业的内外竞争，在共同应对压力的同时往往激发各个企业奋勇争先的创新动力，从而形成创新网络的精神支撑；最后，集群内企业之间基于产业技术经济联系形成的社会网络关系，使得关联企业、科研机构及中介组织之间更容易形成一个相互学习的整体，在降低学习成本的同时提升集群学习的进程及效率，最终促进集群及区域创新网络的形成及发展。

（二）产业集群的主要特征

产业集群具有专业化的特征，集群中的成员企业包括上游的原材料、燃料、机械设备、零部件和生产服务等投入供应商，下游的销售商及其网络、需求客户，侧面延伸到互补产品的制造商、技能与技术培训和行业中介等关联性企业以及基础设施供应商等。从空间上看，产业集群一般具有明显的地理集聚特征，关联产业及其相关辅助支撑性企业以及相应支撑机构（如地方政府、行业协会、金融部门与教育培训机构等）在空间上集聚，形成一种柔性生产综合体，往往表现或代表着区域核心竞争力。

产业集群的空间集聚优势可以从三个不同角度得到体现：从纯经济学角度看，集聚优势主要体现在规模经济和范围经济，即不同企业分享公共基础设施并伴随垂直一体化与水平一体化过程所带来的成本降低和利润增长，从而形成产业集群竞争的基础；从社会学角度看，空间集聚可以降低交易费用，即建立在共同产业文化背景下的人际信任基础上的经济网络关系，可以维持老客户，吸引新客户和生产者前来；从技术经济学角度看，产业集群有利于促进知识和技术的创新和扩散，实现产业技术和产品创新。

（三）产业集群的相关概念辨析

从产业集群的内涵与特征出发，有必要辨清以下几个相关概念：

1．产业集中与产业集群

产业集中是指某一产业内规模最大的几个企业装备制造业的集群式创新与区域联动在整个产业内的份额，是产业组织研究的一个重点。产业集中可以通过绝对集中指标和相对集中指标来反映，绝对集中指标通常用某一产业内规模最大的几个企业的某项指标（如市场占有率等）在整个行业中的占比来反映，从中可以看出规模最大的几个企业对整个行业的垄断程度；而相对集中指标主要以洛伦茨曲线或基尼系数来衡量，可以反映整个产业内所有企业的集中程度。一般来讲，如没有特别说明，产业集中主要反映产业内企业垄断程度的高低，而与产业的空间分布没有直接关系，同时也没有对产业内企业间联系进行特别关注。因此，产业集中与产业集群的概念相差比较远，两者没有直接联系。

2．产业集聚与产业集群

集聚是指事物的空间集中过程。产业集聚是指产业在空间上的集中分布现象，是经济地理学的研究重点之一。产业集聚主要研究产业的空间分布形态，特别注重产业从分散到集中的空间转变过程。产业集聚在某一共同空间发展，可以共享基础设施，带来规模经济收益。产业集聚与产业集群关系密切，但是两者又有区别。产业的空间集聚可以形成产业集群，但是并不是所有的产业集聚都可以形成产业集群。虽然有的产业集聚在一起，但是相互之间没有联系，就不能形成产业集群。因此产业集聚只是产业集群形成的一个必要条件，而非充分条件。

3．产业链与产业集群

产业链是一个十分传统的概念，是指某种产品从原料、加工、生产到销售等各个环节的关联，主要是指产业间基于投入产出等技术经济联系而形成的产业协作关系，如钢铁业与汽车产业形成的上下游协作关系。早在1958 年赫希曼的《经济发展战略》就从产业的前向联系和后向联系的角度论述了产业链的概念。目前，与产业链相关的还有价值链、生产链、供应链、商品链等不同概念。价值链是哈佛大学商学院教授迈克尔·波特于 1985 年提出的概念，他认为，企业的价值创造既包括内部后勤、生产作业、外部后勤、营销服务等基本活动，也包括原料采购、研发设计、人力资源管理和企业基础设施等辅助活动，二者的共同作用构成企业价值创造的整个动态过程，即价值链。在价值链理论的基础上，迪肯（Dicken）认为，生产链即商品形成的流程及确定参与的主体及其活动，意在阐明在某种商品或服务生产过程中能增加价值的系列功能不同，但相互作用的生产活动的集合。供应链主要聚焦于原材料及产品流动，是以核心企业为主导，以信息流、物流、资金流的控制为媒介而将供应商、制造商、分销商、零售商、最终用户等联结一体的功能网链结构。商品链则是以商品为中心，包括从原材料投入、劳动力供应、生产组织、产品运输、市场销售直到最终消费等一系列商品活动的网链结构。可见，这些概念从不同的角度对产业内及产业间的联系进行了阐述。与产业集群相比，产业链及相关的价值链、生产链、供应链、商品链等不同概念主要强调产业之间的联系，而对于产业以外的机构如商会、协会、中介机构等关注较少。此外，产业链等相关概念也没有空间集聚的含义。产业集群的概念则要比产业链等相关概念丰富得多，它既包括产业间的联系，还包括产业及其他相关机构间的联系，而且更强调空间的集聚。

4. 产业园区与产业集群

产业园区是为促进某一产业（或某部分产业）发展而创立的特殊区位环境，是加快产业结构优化、推动区域经济快速发展的重要空间聚集形式，担负着聚集生产要素和创新资源、培育新兴产业、推动城市化建设等一系列重要使命。早期的产业园区主要是工业园区。我国的工业园区建设是与经济技术开发区建设密切相关的，1984 年中央开始在沿海地区设立经济技术开发区，当时国家对开发区的基本要求是“三为主、一致力”，即以工业为主、以出口为主、以利用外资为主，致力于高新技术产业发展。随着不同类型不同级别的开发区在我国全面涌现，各种类型的工业园区也相应建立起来。工业园区建设的初衷是以利用外资为主，园区内的工业主要以区外企业为主。因此，工业园区是典型的外力驱动型经济增长方式。正因为如此，部分工业园区在发展过程中没有很好地考虑自己的区域背景，致使园区的产业定位与周边地区相脱节，缺少与当地企业的联系，不能实现园区与所在区域产业的联动发展，影响园区的可持续发展。与工业园区不同，产业集群强调产业之间的紧密联系，是依靠内力发展的理论。比如在有的工业园区内，由于企业之间的联系非常密切而逐步形成了产业集群。因此，工业园区为产业集群形成提供了空间，能否形成产业集群则要看企业之间的关联状况。当然，随着现代区域经济的快速发展和产业调整升级的加快，产业园区的类型已由早期的单一工业园区演进到现在的农业园区、工业园区、现代服务业园区竞相发展的全新格局，如新产业区、国内、国外的自由贸易区等新型园区形态。

5. 地域生产综合体与产业集群

地域生产综合体（Territorial Productive Complex）是苏联学者提出的一个重要概念，指在一定地域范围内，影响和促进经济发展的各个因素（土地资源、矿产资源、水资源、自然条件与经济条件等）和各个部门（农业、工业、交通运输业、商业服务业、文化教育和科学研究等）之间相互联系、相互制约的生产地域总体（或称地域系统）。它是社会生产力空间组织的一种形式，是社会劳动地域分工高度发达的产物，也是构成经济区的物质技术基础。一般而言，地域生产综合体是为共同解决地区国民经济发展问题而有计划地建立起来的，并集中于比较紧凑的地域范围内，该区域拥有发展地区经济专门化部门所必需的自然资源，从而促进综合体内各部门（专业化部门、辅助性部门、自给性部门）按比例协调发展。可以看出，苏联的地域生产综合体理论强调在计划条件下的相对均衡布局，总体经济实力的均衡是建立在不同区域基于自身优势的主导产业综合体上，各级政府在区域发展中发挥的作用不同，导致生产有等级之分。与地域生产综合体理论不同，产业集群的基点并非区域发展的平衡性，而是强调发挥区域各种资源要素的整合能力、突出技术进步与技术创新、追求有利于发挥区域比较优势的发展道路。如中关村具有人才优势，则着力发展信息产业；而旅游资源丰富的地区可以发展旅游业；城郊地区可以发展花卉业等。再如浙江温州地区，人多地少、矿产资源匮乏，但温州人依靠强烈的市场意识和吃苦耐劳的拼搏精神，从劳动密集型产业起步，实行“一镇一品”的产业集群战略，不仅是我国经济充满活力的地区，而且培育了一大批具有市场竞争能力的大中型企业，产品远销国内外市场，甚至形成一些著名品牌。

二、产业创新理论

产业创新理论起源于奥地利经济学家熊彼特(Schumpeter, J. A, 1939)提出的“创新”概念和理论。熊彼特认为创新就是把一种从来没有过的生产要素和生产条件的新组合引入生产体系，实现创新的途径主要靠企业的创新行为，特别是有创新性的企业家精神和掌握先进技术和生产能力的垄断企业。可以看出，技术创新是熊彼特研究的核心内容。

弗里曼(1997)是第一位系统提出产业创新理论的学者，他和罗克·苏特(Luc Soete)合著的《工业创新经济学》(The Economics of Industrial Innovation，1972)的发表，为产业创新理论的发展奠定了初步的基础。弗里曼认为，产业创新是一个系统的概念，是技术和技能创新、产品创新、流程创新、管理创新(含组织创新)和市场创新等多元创新的系统集成，是企业突破已结构化的产业约束，运用技术创新、产品创新、市场创新或组合创新等来改变现有产业结构或创造全新产业的过程，是企业创新的最高层次和归宿。弗里曼进一步对日本、美国和苏联的产业发展情况进行对比研究后指出，一国只有建立起将技术创新转化为产业创新的能力才能在国家竞争中占据优势。他还从历史变迁的角度对电力、钢铁、石油、化学、合成纤维、汽车、电子和计算机等许多产业的创新作了实证研究，得到的结论是产业不同，产业创新的内容也不相同。

1997年，意大利学者Breschi和Malerba在充分参考国家创新系统、技术系统和演化经济学等理论的基础上提出了产业创新系统概念，之后Malerba又不断将该理论进行深化。Malerba认为，产业创新系统可分解为企业、其他参与者、网络、需求、知识基础、制度、系统运行七大基本要素。从系统各要素的主要功能看，企业是产业创新系统的核心参与者，大学、金融机构、政府部门、商业联盟、技术协会、消费者、企业家、科学家等是重要的参与者，不同创新主体通过各种市场或非市场的联系与交互作用形成网络体系，需求在影响创新活动和产业转型方面起着重要的促进或阻碍作用，知识基础决定主导产业发展的技术范式和创新特点而在产业创新系统中居于核心地位，制度则会影响产业创新系统中各行为者的创新活动与交互作用。Malerba 的产业创新系统理论注重从系统的、动态的视角去观察问题，有利于系统分析产业中各类行为主体以及它们之间的相互关系，深入解剖影响产业绩效和竞争力的主要因素，成为研究产业创新、产业组织、产业绩效与竞争力的重要工具。

国内较早提出产业创新概念并进行阐释的是严潮斌、管顺丰等学者。严潮斌认为，产业创新是指特定产业在成长过程中或在激烈的国际竞争环境中主动联手开展的产业内企业间的合作创新；企业创新是产业创新的基础，而产业创新带动企业创新并为企业创新营造有利环境和条件；产业创新主体是一个多元动态组合结构，其技术开发和市场占有过程体现了 R&D 合作和产业内企业间的分工协作、优势互补；产业创新的目的是通过合作创新而提高企业创新能力，进而提高特定产业整体竞争力。管顺丰等认为，产业创新是政府、企业等产业创新主体通过制度创新、技术创新、组织创新、环境创新和组合创新，充分利用社会资源和能力培育新兴产业，或使得原有产业在一定区域内处于领先地位，或使其获得突破性发展从而促使产业发展实现质的飞跃的创新活动。

第二节　集群式创新理论

集群式创新是在龙头企业的引领和带动下，以专业化分工和协作为基础的装备制造业或相关产业的大中小企业，通过地理位置上的集中或网络化联结形成创新链并产生创新集聚效应，实现生产要素和生产条件的重新组合，从而获得创新优势的一种新型组织形式。但是，仅仅是企业在地理位置上的扎堆或集中所形成的无组织混合体不能称为集群式创新，集群式创新具有鲜明的地方结网性、资源共享性、互利共生性、协同竞争性等主要特征，由此带来主导产业及关联产业的规模化、集群化、创新化快速发展。具体而言，一是地方结网性。集群式创新以产业关联为基础，以地理靠近或网络联结为特征，以设施配套、机构完善为支撑条件，把主导企业及关联配套企业、科研机构及金融、中介等相关辅助机构联为一体形成区域创新网络。二是资源共享性。集群式创新把主导企业及关联配套企业聚集在一起，据以实现知识技术、创新信息、人才要素、政府政策、科技中介、基础设施等资源共享和优势互补，促进创新要素的区内流通和创新成果的传播使用。三是互利共生性。集群式创新通过地方结网和资源共享，以产学研合作和互利共赢为核心和纽带，把企业与高校、科研院所、金融机构、科技中介等相关机构紧密结合在一起，形成企业、高校、科研院所等创新主体与金融机构、科技中介等创新客体的互利共生。四是协同竞争性。集群式创新以主导企业及关联配套企业的专业化分工协作为基础，并基于市场经济环境形成企业间的协同竞争，使企业始终保持足够的成长动力以及市场灵敏性，并在竞争中发展壮大，最终实现共同发展。

产业集群发展是全球装备制造业发展的客观趋势，加快技术创新则是装备制造业作为资本技术密集型产业的内在要求，二者的有效契合成为装备制造业集群式创新发展的内生动力。作为全球装备制造业大国，面对发达国家的高端管控和发展中国家的激烈竞争，一方面，我国需要推动产业集聚集群发展，依托高校科研院所、国家重点实验室、企业研发机构、产业园区、科技园区等载体平台突破核心关键技术，促进我国装备制造业创新发展；另一方面，国际金融危机后发达国家纷纷实施制造业回归和再工业化战略，力图抢占高端制造市场并不断扩大竞争优势，我国装备制造企业引进人才技术、加强产业合作、推动创新升级的难度进一步加大。因此，推动装备制造业的集群式创新发展，促进我国产业迈向全球价值链中高端，培育若干世界级先进制造业集群，努力占领世界制高点、掌控技术话语权，加快建设制造强国，是我国装备制造业肩负的时代使命。

第三节 区域联动理论

随着经济全球化和区域经济一体化的不断深化，区域联动发展已成为促进区域经济竞争与合作、实现区域经济协调发展的重要途径。区域联动是在市场机制和政府引导的共同作用下，在一定空间范围内相邻或相近的两个（或两个以上）区域按照协同发展、互利共赢等原则形成的经济技术合作关系，其核心是区域产业的联动发展。从产业集群发展视角看，区域联动是在市场力量推动和政府力量引导下，以产业经济关联区域为基础，以优化资源配置和促进区域产业协同发展为目标，通过资金流、人才流、知识技术及管理流、信息流等各种产业经济要素间的相互关联，交通运输网络和通信网络等基础设施的互通共享，形成区域联合、产业分工、协同发展的区域产业联动发展模式。

党的十九大报告提出，要进一步实施区域协调发展战略，建立更加有效的区域协调发展新机制，推进西部大开发形成新格局，深化改革加快东北等老工业基地振兴，发挥优势推动中部地区崛起，创新引领率先实现东部地区优化发展。区域联动立足于区域资源禀赋和要素特色，通过区域间的分工合作实现资源、产业和市场的有机整合，提升区域的经济核心竞争力，以达到不同区域间资源共享、市场对接、设施联通、要素流通和产业互补的目标，这已经成为一种具有全球性意义的区域合作发展模式与空间组合形式。首先，区域联动发展通过建立公平、公开、公正的市场竞争机制，有利于打破行政分割和地方保护的落后观念，促进不同区域资源要素的合理流动和优化配置，实现区域生产力布局的动态调整和不断优化。其次，区域联动发展是促进区域协调发展的现实途径。我国长期面临区域发展不平衡、区域差距偏大、区际产业结构趋同、区域资源及环境承载力超越极限、生态环境退化等诸多问题，迫切需要通过区域联动发展缩小区域差异，促进区域协调发展。再次，区域联动发展是提升区域经济竞争力的客观需要。经济全球化背景下，区域联动发展的实质就是资源配置在不断增长的地域空间范围内的调整与重组，在更广阔的市场空间范围内谋求最佳组合，有利于将我国东部发达地区和广大中西部及东北等欠发达地区有机地连为一体，推动东部地区产业向中西部及东北合理转移，加快发达地区产业转型升级和欠发达地区经济发展步伐，全面提升我国区域经济竞争力。

第四节　价值网络理论

价值网的概念是由 Mercer 顾问公司的 Adrian Slywotzky 在《利润区》（Profit Zone）一书中首次提出，并由戴维·波维特进一步发展的一种商业运营模式。价值网的本质是在专业化分工的生产服务模式下，通过一定的价值传递机制，在相应的治理框架下，由处于价值链上不同阶段和相对固化的彼此具有某种专用资产的企业及相关利益体组合在一起，共同为顾客创造价值。产品或服务的价值是由价值网的每个网络成员创造并由价值网络整合而成的，每一个网络成员创造的价值都是最终价值的不可分割的一部分。因此，价值网是由利益相关者之间相互影响而形成的价值生成、分配、转移和使用的关系及其结构

价值网由五个主要成员组成：企业、购买者、供货商、互补者和竞争者。其中，企业处于网络的中心地位。不仅企业和其他四类伙伴存在着联系，这些伙伴之间也存在着相互联系。这说明，企业的价值创造不仅取决于企业与四类伙伴的内部联系，也受到四类伙伴之间外部联系的影响。价值网潜在地为企业提供获取信息、资源、市场、技术以及通过学习得到规模和范围经济的可能性，并帮助企业实现战略目标。

价值网络的思想打破了传统价值链的线性思维和价值活动顺序分离的

机械模式，围绕顾客价值重构原有价值链，使价值链各个环节以及各不同主体按照整体价值最优的原则相互衔接、融合以及动态互动，利益主体在关注自身价值的同时，更加关注价值网络上各节点的联系，冲破价值链各环节的壁垒，提高网络在主体之间的相互作用及其对价值创造的推动作用。

第五节　产业政策相关理论

一、市场失灵理论

市场经济是指在“这种制度下，通过价格决定有关资源配置和生产，而价格则是由生产者、消费者、工人和生产要素所有者之间的自愿交换而决定。经济决策是由该经济组织和个人各自独立地决定的，而不是由中央统一计划的”。而市场失灵（market failure）是指市场在资源配置上的低效率，即由于市场本身具有局限性使市场不能达到资源配置的帕累托最优。

完美的市场经济可以实现资源的有效配置，但依靠市场经济机制实现资源的有效配置是有前提的，需要假定所有社会成员作为市场经济的主体均为经济人，都不存在任何垄断，所有经济信息对经济成员都是对称的、完备的，活动者的产权是明确的。但是在现实经济活动中，同时满足这些假定条件是非常困难的。例如，市场经济存在外部性（externality）和公共物品（public good）。外部性的存在使市场经济体制不能很好地实现其优化资源配置的基本功能，产生经济主体对外部正或负的效应。公共物品是指由于在消费或使用上的非竞争性和受益上的非排他性，需要依靠政府来对公共物品进行供给。

那么，在产业结构调整和发展的过程中，单纯依靠市场条件实现资源的有效配置是难以达到最优的，需要政府对产业经济活动进行调节与干预。世界各国经济发展经验表明，随着经济发展水平的进步，产业结构不断从低级阶段向高级阶段演进。1940 年，英国经济学家科林·克拉克研究发现，劳动力会随着经济发展水平在三次产业分配之间进行有规律的变化，即产业结构演进是经济发展的必要条件，也是经济发展的必然结果。美国经济学家库茨涅兹更进一步，从劳动力以及收入的变化对三次产业结构变化的影响，印证了产业结构变化的规律，说明了经济发展与产业结构之间的相关性，即产业结构会由低层次向高层次转化演变的规律。那么，如果不制定产业政策，或产业政策不明确，产业结构演变则由于受到不必要的牵制和干涉可能出现无序状态。

市场失灵主要体现在：信息不对称、公共物品、外部性和市场垄断等。

（一）信息不对称对产业发展影响

首先，产业经济活动中各主体所拥有的信息是不同的，即信息不对称，从而使不同经济主体对于产业的结构调整和发展的方向认识不同，单纯依靠市场进行资源配置通常难以达到产业的最优状态。因此，政府应该促进产业界、学术界在制定政策的过程中充分交换信息，实现信息共享，减少信息不对称造成产业盲目发展和结构失调。其次，发达国家与发展中国家拥有的产业升级相关信息是不一样的。发达国家对产业升级方向的信息是不可知的；而发展中国家对于产业升级信息具有共识性，容易产生投资“潮涌现象”，出现产能严重过剩，企业大量亏损破产的严重后果。因此，政府有必要进行适度的干预。

（二）公共物品对产业发展的影响

从公共物品角度来看，产业政策一定程度上就是政府向产业部门提供的一种公共物品，这不仅体现在产业信息资源的提供上，更重要的是科学技术公共物品的提供上。科学技术是促进经济发展的源泉和动力，科学技术的缺失必然与落后的产业结构相联系。科学技术的提升也需要政府提供教育、科技研发投入和促进科学技术转化，而市场机制不能完全实现资源的前期技术投入这些非竞争性、非排他性公共物品的提供。

（三）外部性对产业发展的影响

外部性在经济活动中还是比较常见的，它可分为正的外部性和负的外部性。随着气候问题、社会责任问题逐渐进入人们的视野，产业经济活动被要求在气候和社会责任等外部性约束框架下进行。产业经济活动发展过程中要降低能源消耗和减少温室气体排放，增强产业对劳工健康、产品质量等方面的责任。政府的作用是建立限制规制性政策，消除或减少产业活动负的外部性，使产业从粗放式发展向集约式发展转变。

（四）垄断对产业发展的影响

随着技术进步、市场扩大、企业为获得规模效应而进行的兼并的影响，市场自然而然就会出现垄断，市场竞争程度下降，从而影响经济效率。而且产业短期经济目标有时候与国家和社会的长远目标不一致。近年来，我国经济生活中出现了钢铁、水泥等行业重复建设、产能过剩等问题。从各国的产业组织发展来看，发达国家逐渐放宽了对产业集中度的规制，从而提升本国产业在国际市场上的竞争力。

在市场经济机制条件下，市场在资源配置中起着主导的作用，通过价格引导资源配置向优势产业转移。因此，首先要重视市场机制在产业结构的调整和发展中的作用，促进自主创新的动力。但对于市场机制的失灵的一些地方，尤其是市场经济制度还不完善的发展中国家，需要政府制定产业发展政策以弥补市场的不足。

总之，产业结构的演进是市场体制下的资源优化配置过程，价格成为资源配置的引导手段。但是市场机制固有的失灵：信息不对称、公共物品、外部性和市场垄断等，会产生产业内部之间的竞争无序、竞争过度和竞争不足，使得资源配置不能达到应有的效率，需要依靠产业政策实现结构上的调整和产业发展方向上的引导。尤其是在市场机制不完善的国家中，市场发挥资源配置的作用不能很好地表现在产业结构的调整和竞争力水平的提升上，更需要产业政策弥补市场缺陷对产业的影响。但是市场仍是资源配置的基础，产业政策更多的应是依托市场竞争机制，而非仅是单纯地保护、扶持和干预。

二、比较优势理论

亚当·斯密认为，一个国家的出口要有竞争力，必须拥有相对最低的成本，即绝对比较优势学说。李嘉图在此基础上进一步发展了国际分工和比较生产费用理论，他认为各国在不同产业的生产费用存在着差别，各国都应优先发展本国在生产费用上拥有优势的产业，如果多个产业部门都拥有优势时，优先发展优势最大的产业，反过来如果多个产业部门都处于劣势时，优先发展劣势最小的产业，即优先发展相对优势产业。这样，各国都能通过国际交换获得比较利益，贸易双方能获得更大的福利，即相对比较优势学说。

伊·菲·赫克歇尔（Eli F Heckscher）和贝蒂·俄林（Bertil Ohlin）进一步发展了比较优势理论，他们认为，假设在各国技术相等的情形下，生产方式取决于土地、劳动力与资本等生产要素的差异。每个国家在比较了自己与其他国家在生产要素的差异后，应选择发展条件最佳的产业，出口比较优势高的产品，进口比较优势低的产品。

斯密的绝对比较优势理论深刻指出了分工对劳动生产率提高的巨大意义。李嘉图的相对比较优势理论进一步总结出比较成本的差异是国际贸易的原因。赫克歇尔和俄林所提出的要素禀赋论说明了比较成本差异形成的原因，形成了较为完备的比较优势理论体系。新贸易理论从企业异质性和企业边界角度解释了现有的国际贸易和国际投资模式。比较优势理论将一国的产业结构有机地与国际贸易理论联系起来，提出了一国产业结构国际分工理论基础。

传统的比较优势理论能较好地解释当时的经济与贸易情况。但随着经济全球化、贸易自由化从广度到深度的发展，比较优势理论开始逐步受到怀疑。早在20世纪50年代初，诺贝尔经济学奖得主里昂惕夫（Leontief）就以他的投入产出模型为工具对此提出了挑战。他运用国际贸易模型分析发现，美国1947年出口商品的劳动密集度高于进口商品，于是在国际经济学界提出了“里昂惕夫悖论”（Leontief paradox）。

20世纪80年代以来，以克鲁格曼为代表的新贸易理论在比较优势理论的基础上，以规模经济递增和不完全竞争为基础完善了比较优势理论。21世纪初，国际贸易理论的最新进展体现为异质企业贸易模型和企业内生边界模型，将同一个产业内的不同企业区分开来，企业生产率差异使得企业可以自行选择从事出口或成为跨国公司，只有生产率最高的企业才会选择成为跨国公司，生产率处于中等水平的企业选择出口，而生产率较低的企业只能在国内市场销售，不同产业部门的生产率水平差异和技术、组织形式差异对国际贸易和企业的组织选择产生显著影响。

按照林毅夫等学者的观点，当前从文化角度、政治地理和市场经济的角度对日本和“亚洲四小龙”的经济发展成功的解释都存在着不足之处。他们提出了基于比较优势战略的解释，认为日本和“亚洲四小龙”的经济发展经验是一种循序渐进的过程，它们在经济发展的每个阶段上都能够发挥当时资源禀赋的比较优势，而不是脱离比较优势进行赶超。他们指出这些经济体在其不同的发展阶段上，由于不同的比较优势，形成的主导产业也不一样。一个共同的规律是：随着经济发展、资本积累、人均资本拥有量提高，资源禀赋结构得以提升，主导产业从劳动密集型逐渐转变为资本密集型、技术密集型，乃至信息密集型。

基于比较优势理论确定产业发展战略，一国应按照要素禀赋优势确定产业结构，产业的要素密集结构会随着资本积累实现过渡升级。尽管发展中国家的产业结构需要发挥比较优势，但仅依照比较优势战略往往存在一些问题：

（1）资源禀赋积累与产业发展的关系。

资源禀赋的提高并不一定能实现产业结构从劳动密集型向资本密集型和技术密集型自动升级。

从一国整体经济体系的角度来看，劳动密集型产业的资本积累会为资本密集型产业提供剩余资本。但由于不同产业部门的生产性质不同，不同的密集型产业转移过程中会存在转移障碍和摩擦。如服装产业积累的资本剩余要转移到钢铁产业部门，就会存在进入障碍和转移摩擦。这种进入障碍和转移摩擦包括新的学习过程、如何开创新的市场份额、劳动力技能是否适合新的产业等。因此仅仅依靠反映要素相对稀缺性的价格信号来调节是难以达到产业自动升级的，产业自动升级论忽略了信息、知识、人力资本的培养。

（2）要素禀赋的约束性。

由于资源的约束性，一国如果仅依托自然资源、劳动力的比较优势，则经济发展程度的提高难以长期保持。构成比较优势的要素禀赋价格并不是固定不变的。首先，自然资源是有限的，而且通常是不可再生的，因此依托自然资源比较优势的产业从长远来看是难以持续的。其次，劳动力的成本会随着经济发展水平提高而不断增加，经济水平越发达，劳动力的成本也就越高。从经济发展的动态视角来看，依靠劳动力比较优势的产业收益是逐渐递减的，也就是说产业的优势也会逐渐消失。

三、后发优势理论

1841 年，德国学者弗里德里希·李斯特（Friedrich List）在《政治经济学的国民体系》一书中提出了落后国家经济发展的三个阶段：自由贸易—商业限制—自由贸易。在第一个阶段，落后国家与较先进的国家实行自由贸易，从而使本国脱离未开化状态；在第二个阶段，落后国家制定商业限制政策，从而促进工业、渔业、海运事业和国外贸易的发展；在第三个阶段，当落后国家的财富和力量达到一定程度和水平后，逐步恢复自由贸易，在国内外市场上自由竞争，鼓励保持已有的优势地位。他指出，同一发展水平的国家只有共同遵守自由贸易规则，经济自由主义的理论才是正确的。落后国家必须首先强大起来，才能同先进国家进行自由竞争。李斯特提出的“经济发展阶段理论”和“生产力理论”，在一定程度上为落后国家通过实施产业贸易保护政策，实现国家贸易从劣势地位转变到优势地位提供了理论依据。

研究美国经济史的俄国学者格申克龙（Gerchenkron）创立了后发优势理论。他考察了19世纪的意大利、德国、俄国等工业化相对落后国家的历史经验后认为，工业落后国家的经济快速增长不是得益于人口规模、国土面积、资源禀赋等方面的传统比较优势，而是它们的后发优势。

1966年，美国经济学家列维（M. Levy）在《现代化与社会结构》一书中进一步阐述了后发优势的内涵：①后发国家为实现现代化而做的理论准备比先发达国家要充分得多；②后发国家可以大规模地借鉴先发国家相对成熟的技术设备、制度及与其相适应的组织结构；③后发国家可以不经历先发国家的一些必经的经济发展阶段，尤其是在技术方面；④后发国家可以根据先发国家的发展经验比较清晰地预测自身经济现代化进程；⑤在开放的国际环境中，后发国家可以在资本与技术方面得到先发国家的帮助。

除此之外，还有许多学者也在不断地研究后发优势理论，如伯利兹和克鲁格曼（Brezis，Paul Krugman，1993年）的技术蛙跳模型、阿伯拉养维茨（Abramovitz，1989年）的潜在后发优势论以及范艾肯（Van Elkan，1996年）技术经济趋同论等。

（一）后发优势理论涉及的基础理论

1. 免费搭乘效应

该理论是基于公共物品的分析，认为免费搭乘者获得了某种收益，却没有为此支付相应的费用。在后发优势理论中，先发国家的产业发展具有外溢效应，可能使得后发国家在产品、工艺研发、员工培训、顾客教育和基础投资等方面节约投资。免费搭乘效应削弱了企业进行早期资本和技术投资的动力、先进入企业的竞争力和利润空间。

2. 沉没成本理论

沉没成本是指已经发生但无法收回的成本。在市场初期，技术和顾客需求的不确定性往往使先进入企业制定错误的发展战略，而后进入企业可以以此为借鉴，避免错误，少走弯路。在非连续性的技术变革中这一点表现得尤为明显，先进入企业的早期投资很快沉没，而后进入企业会在下一代产品中采用更有效率的生产和更加先进的技术获得竞争优势。

3. 组织惯性理论

该理论认为，组织发展到一定阶段会产生惯性作用和路径依赖，先进入企业常常固守于最初的营销战略和技术，不能根据市场环境的变化而作相应的调整，不愿改进技术和生产工艺，无法淘汰落后产能。而后进企业则更能主动适应市场环境的变化，更愿意采用先进的生产工艺和技术，从而使得后进入企业比先进入企业更具竞争能力。

上述基础理论为一国的后发优势提供了充足的理论依据，后发国家的产业可以找到一条成本低、适合本国国情的发展路径，促进产业结构的调整和升级。

（二）后发优势的积极作用

后发优势论从经济（或产业）发展路径的角度论述了落后国家有必要实施产业政策。评价产业政策是否有效，需要分析产业政策是否真正按照后发优势论而制定的，而不是对资源配置进行过度、盲目干预。

1. 培育后发国家的学习模仿能力

后发国家可以借鉴先进国家的技术和制度实现跨越式发展，在其发展过程中要经历引进、模仿、消化、吸收和创新五个阶段，而最为关键的是吸收能力的提升。在这五个阶段中，产业政策都可以发挥重要作用：

在引进阶段，产业政策应该引导企业有鉴别地引进先进国家的技术和制度。在技术引进过程中，引进的技术应该符合可植入、可发展的要求，落后技术的引进不仅不能提升企业的能力，而且使得企业前期投入的资本和劳动力的效率大大降低。吴晓波、许庆瑞（1995 年）在其二次创新模型中就有相关的论述，他们指出，后进国引进的技术越老化，所能进行二次创新的机会就越少，被技术替代的可能性就越大，难以发挥后发优势。在制度引进方面，要确保引进的制度符合后进国家的基本国情。郭熙保、胡汉昌（2004 年）指出，与先发国家制度的内生性不同，后发国家的制度更多的是外生。要使后发国家的制度模仿产生正的效果，往往需要根据具体的产业发展状况和经济发展的阶段，逐步实现从外生向内生的制度创新转变。

在模仿、消化、吸收这三个阶段，产业政策重点是提升企业的吸收能力，因此要加大对人力资本的投入，加强科研院所与企业的沟通联系，从而真正实现技术和制度向后进国家转移。同时要防止对先进国家技术的过度依赖和以模仿先进国家技术为主的倾向，要引进核心技术和关键设备。

在创新阶段，产业政策要建立鼓励企业进行技术和制度创新的机制，不断加大对基础科研的投入，降低企业开发新技术的风险。同时，在这一阶段后发国家也要清醒地认识到“后发优势陷阱”，仅仅依靠后发优势是无法追赶上先进国家的。先进国家往往会限制技术的转移，以获得技术垄断所带来的巨额利润，后发国只有依靠技术吸收和创新才能缩小同先发国之间的技术差距，甚至超越先发国家，否则会陷入“引进—模仿—再引进再模仿”的恶性循环中。

2．防止过度干预

依据后发优势理论的产业政策，要防止政府对产业的直接管理和过度干预，应采用水平式而非垂直式的管理方式，保持产业之间的平等公平竞争关系。

基于后发优势的产业政策应该对产业适度倾斜，以达到扶持和保护先导产业、新兴产业以及幼稚产业的目标，但绝不能破坏以市场机制为基础的竞争环境。基于市场机制的竞争是促使产业持续健康发展的必要条件，如果扶持和保护个别企业，只会扭曲市场配置资源的机制，降低资源配置的效率，而且很容易产生寻租和腐败。政策的指向应该是对关键生产环节、创新技术研究等方面，而不是对个别产业或个别企业，如对科研投入实施税收优惠政策，建立风险技术基金等。因此，应采用水平式的产业政策手段，产业政策扶持和保护的对象应该是具有竞争能力并符合后发优势的企业，而不论企业规模大小和所有制成分的差异。

第六节　全球价值链理论

一、全球价值链概念

全球价值链理论可以追溯至 20 世纪 80 年代国际商业研究者提出的价值链理论。波特（1985 年）在分析公司行为和竞争优势时，提出了公司价值链理论，把公司的整体经营活动分解为一个个独立的、具体的活动，而公司的价值来源于基本活动（含生产、营销、运输和售后服务等）和支持性活动（含原材料供应、技术、人力资源和财务等）两部分，而且这些活动之间相互联系，由此构成公司价值创造的行为链条，这一链条就被称为价值链。此外，科格特（Kogut，1985 年）认为价值链基本上就是技术、原料和劳动融合在一起形成各种投入环节的过程，最后把这些环节组装成最终商品。这一观点更能反映价值链的垂直分离和全球空间再配置之间的关系，因而对全球价值链理论的形成更具重要意义。卡布林斯基（2000 年）

在波特价值链模型基础之上进行了扩展，提出产业间价值链和产业内部价值链。为了将价值链理论与全球经济或产业组织关联起来，格里菲（1999年）以及其他学者提出了全球商品链（Global Commodity Chain）的分析框架，将价值链的概念与产业的全球组织直接联系起来。2000 年，相关研究者以全球价值链（GVC，Global Value Chain）代替全球商品链这一术语，将全球价值链定义为产品在全球范围内，从概念设计到使用直至报废的全生命周期中所有创造价值的活动范围，包括对产品的设计、生产、营销、分销以及对最终用户的支持与服务等。

全球价值链理论研究主要有三部分，一是全球价值链的概念和理论渊源；二是全球价值链治理的方式；三是产业升级、产业集群与全球价值链分工的关联。全球价值链理论研究关注全球价值链环节的相互作用，以及发展中国家的产业如何嵌入全球价值链，并在全球价值链中不断升级，逐渐摆脱被主导企业控制的被动局面。

二、全球价值链治理

价值链治理是指通过价值链来实现公司之间的关系和制度安排，进而实现价值链内部不同经济活动和不同环节间的协调。治理也是产品、工艺和参与资格的限定，这些限定影响到价值链上所有的活动、参与者及其地位和功能，治理的不同形式会直接影响到发展中国家企业的升级前景（汉弗莱、施密茨，2000 年）。当全球价值链上一些企业根据其他主体设定的参数（标准、规则）进行生产工作时，治理问题就产生了。这些参数包括生产什么、如何生产、何时生产、生产多少以及价格等五类基本参数。因此，汉弗莱和施密茨认为全球价值链的治理是指通过非市场机制来曲调价值链上活动的企业间的相互关系和制度机制。斯特金（Sturgeon，2000 年）根据全球价值链中行为主体协调能力的高低，将全球价值链治理模式分为：权威型生产网络、关系型生产网络和虚拟生产网络。斯特金等（2001 年）通过对电子产业和契约制造的研究，以产品和过程标准化程度为基础比较了商品供应商、领导型供应商和交钥匙供应商三种类型的供应关系，进一步将依赖交钥匙供应商的生产系统称为模块化生产网络。汉弗莱和施密茨（2000 年）利用交易成本理论和企业网络理论识别了 4 种治理模式：纯市场关系、网络、准等级制和等级制。在以上研究的基础上，格里菲等（2005 年）根据市场交易的复杂程度、识别交易的能力和供应能力，将全球价值链的治理模式细分为五种：市场、模块型、关系型、领导型和等级制。在五种治理模式中市场和等级制分别处于价值链行为体之间协调能力的最低端和最高端，市场是组织经济活动最为简单和有效的模式，其运行的核心机制是价格机制；等级制则以企业制为典型，其运行的核心是管理控制。

三、全球价值链升级路径

（一）嵌入购买者驱动型的全球价值链的升级路径

购买者驱动模式是指拥有强大品牌优势和国内销售渠道的经济体通过全球采购和贴牌加工等生产方式组织起来的跨国商品流通网络，动力来源是商业资本，其核心能力主要体现在品牌、渠道控制等方面，而且产业竞争力越来越依赖于品牌、渠道等无形资产。嵌入购买者驱动的价值链中，嵌入以加工贸易为主，包括以加工贸易出口为主的跨国公司，实现附加值的增加较为困难，而在全球价值链存在的条件下，这类行业的企业要发展，就更要能够利用现有价值链不断学习和提高，从而最终实现转型和升级，最终提高竞争力。

（二）嵌入生产者驱动的 GVC 的升级路径

生产者驱动模式是指由生产者投资来推动市场需求，形成全球生产供应链的垂直分工体系，动力来源是产业资本，其核心能力主要体现在研发设计等方面。投资主体可以是拥有技术优势、谋求市场扩张的跨国公司，也可以是力图推动地方经济发展、建立自主工业体系的本国政府，这类价值链常为资本密集和技术密集型产业，制定和监督规则、标准的实施，并最终获取价值创造，它们是整个价值链的核心和动力之源。格里菲等（1999年）提出的生产者驱动的价值链的升级轨迹中，认为基于生产者驱动下的升级路径主要是嵌入全球价值链的企业与同在该链中主导企业建立起合作关系，利用价值链治理产生的信息流动、知识溢出和动态学习效应，通过与跨国公司合作创新，或通过技术引进、消化吸收，提高企业的自主创新能力，实现了全球价值链的攀升。

（三）嵌入多主体驱动的 GVC 的升级路径

全球价值链升级的上述两条基本路径并不是互斥和截然分离的，而是可以相互转换的。在发展过程中，针对不同的目标市场，企业可以视情况实施不同的升级策略。即使企业所处的全球价值链为生产者驱动类型，如果目标市场全球价值链中相应的企业在品牌、销售渠道并不是占据绝对主导权，相应低附加值环节的企业也可以先向“下游”——品牌、销售渠道进行升级，然后再向核心技术研发升级。同样，对于购买者驱动类型的全球价值链，如果提升技术相对更容易获取更多的附加值，那么低端环节的企业也可先向技术研发方面升级，然后再延伸到品牌、销售渠道和售后服务等环节。

第四章 装备制造业集群发展现状研究

第一节 装备制造业的总体发展现状

装备制造业是为国民经济发展和国防建设提供技术装备的基础性产业，是国民经济发展特别是工业发展的基础。装备制造业产业关联度高、吸纳就业能力强、技术资金密集，是各行业产业升级、技术进步的重要保障和国家综合实力的集中体现。经过改革开放三十多年的发展，我国装备制造业已取得了令人瞩目的成就，形成了门类齐全、具有相当规模和一定水平的装备制造体系，为国民经济发展和国防建设做出了重要贡献。

一、装备制造业发展的成就

（一）总体特点

我国装备制造业已经成为国民经济的重要支柱产业，特别是在《国务院关于加快振兴装备制造业的若干意见》(国发〔2006〕8 号的指导下，我国装备制造业发展速度明显加快，重大技术装备自主化水平显著提高，国际竞争力进一步提升，部分产品技术水平和市场占有率跃居世界前列。2009 年 5 月国务院正式通过《装备制造业调整与振兴规划》，规划指出要坚持装备自主化与重点建设工程相结合、自主开发与引进消化吸收相结合、发展整机与提高基础配套水平相结合、发展企业集团与扶持专业化企业相结合的基本原则；紧抓钢铁产业、汽车产业、石化产业、船舶工业、轻工业、纺织工业、有色金属产业、电子信息产业、国防军工等九大产业重点项目。

中国统计年鉴数据显示，2013 年我国装备制造业产值规模突破 20 万亿元，是 2008 年的 2.2 倍，年均增长 17.5%，占全球装备制造业的比重超过

1/3，稳居世界首位。目前，中国制造业已占全球制造业份额的 14%；在 22 个工业人类中，有 7 个大类产业规模居世界第一位；有 210 多个工业产品总量居世界首位；工业产品出口已占全球工业贸易额的 12.7%，成为世界第一大工业品出口国。在国民经济中，装备制造业的支柱产业地位更加显现，装备制造业占全国工业各项经济指标的比重高达 20%以上，其产品出口额占全国外贸出口总额的比重也高达 25.46%，装备制造业是带动经济快速增长的发动机。

目前，我国装备制造业发展的总体特征如下。

（1）资本结构趋向多元化，行业发展内生活力不断增强。

国有大型企业在重大技术装备研制和生产中继续发挥主力军作用；民营经济已经成为机械工业发展的重要力量，对机械工业增长的贡献率超过 50%，为机械工业应对国际金融危机的影响和冲击、实现平稳较快发展做出了重要贡献。固定资产投资持续高速增长。“十一五”期间，机械行业累计完成固定资产投资 5.7 万亿元，年均增速达到 38%。全行业的装备水平和生产条件大为改善，行业固定资产的新度系数由“十五”末的 61%提高到 2009 年的 64%，一批行业排头兵企业的装备水平已经达到或接近世界同行业先进水平。

（2）产业战略布局有很大改善。

装备制造业中重大技术装备的生产布局得到改善。高端装备制造业已经成为战略性新兴产业之一。2010 年 10 月 10 日出台的《国务院关于加快培育和发展战略性新兴产业的决定》中，明确把高端装备制造业列为重点发展的七大战略性新兴产业之一。这项决定理清了装备制造业未来发展的脉搏。

（3）产业集聚能力迅速提高。

在各级政府的有形之手和市场这只无形之手的推动下，以高度专业化分工和规模化生产为特点的产业集聚正在迅速发展，已经形成明显的竞争优势。各地根据自身的基础和优势，正在建设一批高水平的装备制造基地，呈现集聚发展的端倪。随着国企改革的推进，又出现了兼并重组的趋势，产业集中度进一步提高。装备制造业产业规模跃居世界首位，“十一五”期间，机械工业的产业规模持续快速增长。现已成为全球机械制造第一大国。哈尔滨电气集团公司（简称哈尔滨电气）、中国东方电气集团有限公司（简称东方电气）、上海电气（集团）总公司（简称上海电气）三大集团发电设备产量行业占比达到69%；华锐风电科技集团（简称华锐风电）、新疆金风科技股份有限公司（简称金风科技）、东方汽轮机有限公司（简称东汽）的风电设备产量占全行业的比重达到70%；徐工集团（简称徐工）、中联重科股份有限公司（简称中联重科）、三一重工股份有限公司（简称三一重工）、广西柳工集团有限公司（简称广西柳工）、中国龙工控股有限公司（简称龙工）、山推工程机械股份有限公司（简称山推股份）等工程机械企业已占据全行业市场销售总额的半壁江山。

（4）装备制造业自主创新能力明显提高。

通过引进消化吸收国外先进技术，支持企业自主创新和技术改造，开发出了一批具有自主知识产权的重大装备，建设了一批高水平的装备创新平台，一批重点产品已达到国际先进水平。科技创新成果成为推动行业持续发展的强劲动力。重大技术装备向大型化、高参数化发展，部分产品的效率已经接近世界先进水平，量大面广的通用机电产品效率也有很大提高。

（5）加大了“走出去”的步伐。加入 WTO 以来，我国装备制造业企业在“引进来”的同时，开始探索国际化发展的新路，探索解决企业技术来源、国际市场资源整合等战略性问题，其中有代表性的是机床和汽车两大行业。我国装备制造业国际竞争力正进一步提升。在保持价格优势的同时，质量、技术水平也有大的改观，一批重大装备已占领国际市场，在国际上树立了良好的信誉。国内机床行业已并购了10家海外机床企业，三一重工、西电集团在国外投资办厂，华为、中兴、联想等已在海外设立研发中心。一批装备制造企业已在国际上崭露头角，成为国际化大企业。

近年来，我国装备制造业迅猛发展，其增长速度高于制造业，已成为拉动国民经济快速增长的主要动力。来自工业和信息化部的统计显示，近年来，中国装备制造业的增长速度不仅高于整个制造业，而且远高于国内生产总值。1953—1998 年，中国 GDP 的年均增长率为 7.8%、工业年均增长率为 11.9%，而装备制造业年均增长率为 17.6%，比 GDP 的增长速度高出 9.8 个百分点。2004—2008 年，我国装备制造产业产值年均复合增长率（compound average growth rate，CAGR）为 28.7%（注：CAGR 是指一项投资在特定时期内的年度增长率）。这不仅说明了中国装备制造业在工业产值和赢利能力上取得了很大的进步，也说明了中国装备制造业的规模在逐渐壮大，对我们国民经济的发展做出了巨大的贡献。

从行业分类上看，我国装备制造业主要包括金属制品业、通用设备制造业、专用设备制造业、交通运输设备制造业、电气机械及器材制造业、电子及通信设备制造业、仪器仪表及文化办公用品制造业七个大类。而且随着中国装备制造业整体的发展，各地区各行业的工业生产总值都得到了明显提高。

（二）主要产业集群区域分析

目前，我国装备制造业主要形成了四大集群基地：以辽宁为首的东北老工业基地，苏、沪、浙为主的长三角地区工业基地，珠三角地区工业基地，以及西部地区（西南以成都和重庆为首、西北以陕西为首）的工业基地。

在金属制品业中，2006—2008 年四大工业基地占全国工业总产值的比重分别为 68.54%，68.01%，66.88%，而其中以广东和江苏份额最大。在电气机械及器材制造业中，四大工业基地占全国工业总产值的比重也超过八成，其中以广东和长三角地区的比重最大，这也充分说明了珠三角、长三角地区的电气机械行业在规模上处于全国的领先地位。同样，对于交通运输设备制造业，四大工业基地的工业总产值占到了全国工业总产值的六成以上，其中以广东为主的珠三角地区份额最大，而西部地区中的重庆也占有不小的份额，这跟重庆已形成了较强的汽车装备制造集群有关。在通用设备制造业方面，四大工业基地占全国工业总产值的份额也超过六成，而这主要集中在长三角地区。在仪器仪表及文化办公用品制造业方面，四大工业基地占全国工业总产值的份额也超过了六成，其中广东在规模上处于领先地位。在专用设备制造业方面，四大工业基地的工业总产值占全国工业总产值的四成以上，其中以长三角地区份额最大。在电子及通信设备制造业方面，四大工业基地的工业总产值占全国工业总产值的份额超过了七成，其中广东就达到了三成以上，这充分说明了广东在通信及电子行业的龙头地位，目前东莞已成为全球最大的电脑资讯产品制造基地。

通过以上分析，我们能够清楚地看到我国装备制造业主要集中在东北老工业基地、长三角地区、珠三角地区和西部地区。而在这四大装备制造业区域中，江苏、广东、上海等东南沿海地区的装备制造业都有一定的规模，甚至在产值上超过了辽宁，但是作为东北老工业基地的领导城市，辽宁的装备制造业的主导地位暂时还是难以动摇的。其中，辽宁拥有国家划定的装备制造业的全部行业，辽宁的大型机床、矿山设备、石化设备、输配电设备等制造业都位居全国前列，规模宏大，集聚状况突出。而西部地区在各项指标中都处于很低的位置，也说明目前西部地区装备制造业在整体上跟长三角、珠三角以及东北老工业基地有着不小的差距，其整体竞争力有待提高。

总体上来说，我国正处在经济增长方式从粗放型向集约型转变时期，经济增长方式的集约化不再是盲目追求速度和产量，而是注重效率和质量，以及节约资源和降低污染。集约化的决定性因素是加速技术进步，集约化的物质基础则是开发先进、高效的技术装备。装备制造业承担着为国民经济各行业和国防建设提供装备的重任，带动性强，波及面广，其技术水平不仅决定了各产业竞争力的强弱，而且决定了今后运行的质量和效益。用先进装备改造传统产业是实现产业结构升级的根本手段。因此，装备制造业在经济增长方式转变过程中具有至关重要的作用，这也给我们研究我国装备制造业提供了很好的契机。

二、我国装备制造业存在的主要问题

装备制造业近年来一直保持着较高的增长速度，但我们在看到成绩的同时，也要承认我国装备制造业自主创新能力薄弱，国际竞争力不强，总体素质不高。特别是重大技术装备的开发制造能力与国外还有较大差距，自主知识产权、自主设计的产品少，不能满足我国国民经济发展需要，我国装备制造业目前存在的主要问题归纳如下。

（一）自主创新能力差，国际竞争力较低

我国装备制造业确实取得了令人瞩目的成就，但只是制造大国，算不上制造强国，缺乏自主设计能力和关键核心技术已经成为行业发展的最大瓶颈。目前，在国家确定重点发展的16项重大技术装备领域中，有相当部分产品技术尚属空白，许多核心技术和关键产品仍依靠进口。一些装备虽然实现了国内制造，但缺乏自主设计能力，并未掌握核心技术。企业过分追求短期利益，用于新产品、新工艺和新技术的研发投入不足，原创性技术成果少。为电力、石化、冶金、铁路等行业提供的主要装备和关键技术依赖引进。产、学、研、用结合不紧密，产业共性应用技术研发缺位，公共试验检测平台缺乏，社会科技成果转化率低。例如，我国机床行业在2009年产值已经跃居世界第一，实现了“一枝独秀”，但仍是世界机床进口第一大国，经济建设所需的高档数控机床主要依赖进口。

目前产业集中度不高也是制约因素之一。我国装备制造行业具有国际竞争力的企业集团不多，围绕大型骨干企业的产业集群尚未形成，地区同构化，大而全、小而全的生产方式依然存在，不仅横向面临严重的同业竞

争，而且纵向更面临产业链不健全，上下游企业得不到有效协调的问题。以轴承行业为例，全世界近80%的轴承是由8家跨国公司生产的，分布于美国、日本、欧洲，而我国注册轴承企业约6000家，排名前10位的轴承企业销售额合计仅占全行业近 40%的份额，而瑞典的斯凯孚（Svenska Kullarger-Fabriken，SKF）一家公司的轴承销售额相当于我国近千家企业销售额的总和。

（二）基础制造水平滞后

长期以来，为整机和成套设备配套的轴承、液气密元件、模具、齿轮、弹簧、粉末冶金制品、紧固件等基础件，泵、阀、风机等通用件，工业自动化控制系统、仪器仪表等测控部件，质量和可靠性不高，品种规格不全；特种原材料长期依赖进口；铸造、锻造、焊接、热处理、表面处理等基础工艺落后，专业化程度低。这些问题已经成为制约装备制造业发展的瓶颈。

（三）部分行业产能过剩矛盾突出

除中小型普通机床制造、交联电缆行业等传统行业产能过剩矛盾依然突出外，近几年来，一些地方片面追求发展速度，热衷于上新项目、铺摊子，在国家严格调控“两高一资”等行业固定资产投资的形势下，纷纷将投资重点转向装备制造业，导致一些新兴行业投资过热，出现产能过剩隐忧，过度竞争风险加剧，如风力发电设备、大型盾构机、大型压力机等。如不及时加以调控，不仅将使企业陷入生产经营困难，还将影响产业自主创新和结构调整的步伐。

（四）高端装备保障能力不能满足需要

机械行业中低端产能过剩、高端严重不足的矛盾非常突出。2010 年进口机械产品用汇高达 2 500 多亿美元。特别是当前我国加快培育发展战略性新兴产业，对技术装备保障提出了更高的要求。总体上看，在高性能材料、精密制造 T 艺、先进装备及核心部件等方面，与培育发展战略性新兴产业的需要相比还有很大的差距。

（五）企业信息化系统应用程度较低

我国企业信息化进程一般分信息基础建设、企业一体化的集成管理、外部资源的利用和建立基于互联网的电子商业社区四个基本步骤来实现。目前我国装备制造业企业基本上处于信息化过程中的第二个阶段。企业在产品研发、物料管理、财务管理、办公自动化等领域信息化程度较高，在供应链管理、电子商务、客户关系管理等方面信息化水平较低。

第二节　装备制造业集群的发展现状

一、我国主要的装备制造业集群现状分析

目前我国的装备制造业产业集群除了具有一般产业集群的地理集中性、根植性、弹性专精性等特征外，还具有以下五个方面的特征。

（1）地方结网性。

装备制造业集群发展实际上是以产业关联为基础，以地理靠近为特征，以基础设施配套、机构完善为支撑条件，以文化融合为连接纽带的本地化区域网络，地方结网是其最重要的一个特征。产品制造者及原材料供应商之间能够在较小的地理范围内进行面对面的信息交流，相互学习并积累其他企业的经验和技巧，加快了隐性知识的显性化过程。

（2）协同竞争性。

由于装备制造业产业关联度大，协同性强，它的发展将带动一大批相关产业的发展。因此，协同竞争构成装备制造业集群发展的一个很显著的特点，对于地理上分散的产业直接竞争者而言，集群内有着更多的合作和更加激烈的竞争。一方面，集群对每个装备制造企业的技术创新都有影响；另一方面，从合作成本来看，集群在地域上的接近性能够降低交易成本，

共享基础设施。而集群内紧密接近的企业由于共同的区位缩短了竞争的过程，加速了相关产业不断出现新的竞争者，促进了竞争。

（3）资源共享性。

资源不足是制约装备制造业生产发展的一个关键因素。众多相互关联的装备制造企业聚集在一起，它们可以利用共同的交通、试验基地等基础设施，分享共同的信息资源，拥有共同繁荣的专业人才市场，共同吸引资金，互相利用对方的特长。既可以实现资源共享、优势互补，又能够克服单个企业资源不足的缺陷。

（4）创新持续性。

装备制造业集群中大量的配套小企业，处于同一产品价值链的不同阶段且彼此独立。它们在有限地理空间中使竞争行为明显暴露，竞争激烈程度加大，从根本上增加了整个集群向外学习知识的动力，同行之间的竞争压力可转化为创新的动力，从而使集群具有创新可持续性。

（5）核心企业的重要主导性。

装备制造业集群中的核心企业一般是大型企业，具有规模优势，集群中其他配套企业的地位就不十分突出。

在我国，四大装备制造业集群已经呈现出强劲的发展势头。这四个装备制造业集群分别是珠三角的通信设备、计算机产业区域；长三角的电子信息设备、汽车及零部件产业区域；以沈阳为中心的东北地区的成套设备、汽车及零部件产业区域；西部地区的军事设备制造产业区域。

珠三角地区主要是以通信设备和计算机制造为主。以东莞的电脑生产为例，加工制造电脑整机所需要的零部件，95%以上可以在东莞配套完成，目前东莞已成为全球最大的电脑资讯产品制造基地。长三角地区主要集中了电子信息设备、汽车和汽车零部件制造业，以上海为龙头，区位优越，经济基础雄厚、科教水平较高、智力资源丰富、外向型经济蓬勃发展，是我国最重要的综合性工业基地。以沈阳为中心的东北地区主要是成套设备和汽车制造的集中地，例如，以沈阳机床集团为核心企业，辐射沈阳菲迪亚数控公司、沈阳齿轮制造厂、沈阳钣焊厂等十余家中型加工制造企业，为其提供数控滑台、数控刀架工作台、齿轮以及冷却器等机床配件，其外围有近百家小型企业为上述企业提供原料、初级产品配套和基本生产服务，从而形成了以机床加工制造为主导的企业群落。西部地区则主要是以军事装备制造业为主的集群。该地区军工业企业密集，有许多高校和研究院所，具备了发展集群的优势。

（一）东北老工业基地装备制造业集群

东北老工业基地是全国装备制造业的重要科研、生产基地之一，在数十年发展历程中形成了厚重的制造文化，具有门类齐全和“基础性技术群体,，扎实等优势，重大技术装备成套的综合能力在国内占有重要地位。2008年辽宁、吉林和黑龙江三省的装备制造业工业总产值已经占到了全国装备制造业工业总产值的7%。同时，东北装备制造业与全国其他地区相比又具有一定的集群优势，聚集了哈尔滨电气集团（简称哈尔滨电气）、中航工业哈尔滨飞机工业集团有限公司（简称中航工业哈飞）、中国第一汽车集团公司（简称一汽集团）、沈阳机床股份有限公司（简称沈阳机床）、大连船舶重工集团公司（简称大连船舶重工）、北方重工集团有限公司（简称北方重工）、沈阳飞机工业（集团）有限公司（简称沈飞）、中航_T业沈阳黎明航空发动机（集团）有限公司（简称中航黎明）等一大批重点骨干企业及配套企业。东北地区通用设备制造业、专用设备制造业、交通运输设备制造业的产业集中度较高，具有较强的竞争力。

东北地区装备制造业产业集群的发展具有巨大的潜力，以大连为核心的辽宁沿海经济带正在迅速崛起，装备制造业已经成为大连工业的第一大产业；以沈西工业走廊为核心的腹地在加速转型，目前辽宁省装备制造业领域内的国家级企业技术研发中心就有15个，企业技术创新能力不断增强，自主创新高端产品的市场应变能力和抵御风险的能力也显著增强；哈大齐工业走廊集群优势显现，黑龙江省装备制造业在很多方面都具有优势，数十种装备产品生产都处于全国领先地位。

然而我国老工业基地的装备制造业大都是在计划经济体制下国家工业布局的产物。这种人为的未经市场竞争有效选择的集群，在其发展升级过程中存在着一些问题，这些问题将会影响集群效应充分地发挥其作用。主要表现为：存在着锁定效应和路径依赖（即小企业依托大企业，不参与大企业创新，大企业缺少知识技术共享机制，合作创新行为不常见），且产品研发投入不足；集群结构不合理，装备制造业技术配套能力薄弱；集群缺乏良好的创新环境和氛围，管理体制上也存在路径依赖，使装备制造业结构升级缺乏创新活力；集群主体要素专业化水平低，存在人才瓶颈的制约。

（二）以苏、沪、浙为主的长三角地区装备制造业集群

长三角是中国装备制造业的重点发展地区。2008 年，长三角地区装备制造业工业总产值超过全国装备制造业工业总产值的 1／3，54 个子行业中有 37 个工业总产值超过全国的 1／3，其中主要的七个行业的工业总产值占全国的 40%左右，在规模上处于绝对优势。以“上海为龙头，苏浙为两翼”的长三角地区的装备制造业的区域集聚态势极为显著，区域一体化进程不断加快，已经成为中国经济发展速度最快、规模最大、活力最强的地区之一。可知，中国要打造装备制造业强国，将离不开长三角地区的装备制造业发展。

在长三角地区的装备制造业发展中，江苏、上海、浙江又分别形成自己所特有的产业集群。上海形成了以装备工业为主体，高档次轻工产业为补充的发展格局。上海装备制造业产业集群具有以下特点：在产业层次和企业规模上，上海以大企业为主，重点发展重工业，如汽车、化工、钢铁等，形成上海制造业支柱。在资金来源与发展方式上，上海发展产业的途

径主要是推动国资与外资合资合作，以政府为主引进投资规模大的外资项目。在集中程度上，上海的产业群大部分在市郊的开发区，同一产业分布在不同区域。在产业链的延伸上，偏重于产业链的一端，多数是产值较高的产品：虽然拥有一批国家级的大市场，但与本市产业发展的联系不紧密。在集群类型上，上海制造业产业集群的发展落后于广东、浙江、江苏等地区。

改革开放以来，依托农村工业化和外资推动的发展举措，在保持传统特色的基础上，江苏装备制造业取得了长足的发展，工业结构中的主导产业快速实现从轻工业向以加工组装工业为重心的重工业转换，进入高加工度阶段。2008 年，江苏省机械工业规模以上企业共完成工业总产值 1.85 万亿元，主营业务收入 1.79 万亿元，实现利税总额 1 622 亿元，其中实现利润 1 058 亿元，同比分别增长 26.78%、25.06%、27.36%和 25.40%。江苏省机械工业出口创汇 395.85 亿美元，同比增长 24.09%。江苏经济总量和出口总量连续多年名列全国之首，不仅外向度高，而且竞争力较强。目前江苏沿江和沿沪宁线已初步形成工业生产集聚度高、产业结构密集的制造业走廊，沿江八大经济发达城市装备制造业的经济总量已占江苏装备制造业总量的 90%左右，约占全国装备制造业的 12%。其中，电子与通信设备制造业、船舶与汽车制造业、内燃机与配件制造业、输变电设备与电气机械制造业、数控机床与机电一体化装备制造业等六大产业国际关联度大、外向度高，在全国已形成具有重要地位的产业带。江苏具备率先实现装备制造业振兴的优越条件，并将在此基础上在国内率先对接其他各类重点产业的调整振兴。江苏制造业尽管具有明显的比较优势，但也存在不少薄弱环节。主要表现为重大装备的成套制造能力不强，生产集中度和组织化程度较低，自主创新能力较弱，经济运行质量有待提高，部分行业的市场应变能力较差。

浙江形成了小型产业集群十分发达的制造业格局。浙江从自然资源贫乏的实际出发，充分利用沿海区位优越、市场经济活跃、企业活力较强、比较优势明显等有利条件，在需求拉动、竞争推动、技术进步带动和产业政策促动下，工业由轻型、劳动密集型为主的产业结构向技术高级化、加工深度化逐渐升级的趋向。浙江省以专业化分工为特点的“块状经济”十分活跃。在浙江经济持续增长的过程中，一乡一品、一县一业的集群成长模式已成为浙江经济的一大特点，并成为该省中小企业生存发展和浙江经济快速发展的主流模式之一。浙江装备制造业的发展具有以下几个鲜明的发展特征：产业集群与专业市场关联互动，共生发展和壮大；非公经济与民间资本是产业集群发展的主体；劳动密集型产业是地方性产业集群发展的首选；基于一定人文特色的集群网络根植性。

从长三角地区装备制造业产业集群整体上来看，长三角地区装备制造业集群可持续发展面临以下困境：长三角地区产业集群同构现象严重；产业集群区内存在企业恶性竞争现象；集群技术扩散存在负效应；产业地域集中的“拥挤效应”引致集群不经济。

（三）珠三角地区装备制造业产业集群

全球金融危机加快了各国产业结构的调整步伐，广东省已成为国际产业转移的主要承接地之一，装备制造业也成了广东省经济发展的重要支柱产业。2008 年，广东装备制造业七大类实现工业总产值 33 100.52 亿元，约占全国装备制造业工业总产值的 20%，广东已成为全国装备制造业大省。而广东装备制造业又高度集中在珠三角地区，其中，广州、深圳、佛山和东莞四市装备制造业总产值约占全省的八成。

广东珠三角地区目前形成了以广州、深圳、佛山等为核心的珠二角装备制造业产业群。在集群形式上，广东的产业集群主要以专业镇形式出现，如珠江东岸的深圳、东莞、惠州及广州，形成了著名的电子信息产业走廊，成了全国规模最大的电子信息产业集群；珠江西岸的佛山、中山、江门、珠海等地，形成经济规模上千亿的电气机械产业集群。珠三角地区装备制造业产业集聚程度一直都高于全国平均水平，其中深圳装备制造业的产业集聚程度最高。

但是，目前在国务院确定重点发展的16项重大技术装备领域中，广东省仅在新型纺织机械、数字化医疗影像设备等少数几个领域具有一定优势，而其他重大技术装备领域基本处于相对弱势或空白状态，其中大型装备领域的起重设备、输送机械和金属轧制设备的产量仅占全国的0.6%、2.1%和1.1%。珠三角产业集群还存在着过度集聚的问题，使得创新被模仿驱逐，创新没有动力，阻碍产业集群的优化升级。

（四）以陕西、川渝为主的西部地区装备制造业集群

在西部地区，四川、重庆、陕西三省（直辖市）的装备制造业产业集群的发育相对较快，而其他各省份的发展则刚刚起步。西部装备制造业产业集群在重大技术装备、军事装备产业集群上具有一定的优势。如德阳的发电设备、重型装备，成都、陕西、贵阳的航空航天产业，重庆在军转民基础上形成的汽车、摩托车产业集群等。国防工业实力雄厚，军事装备制造位居全国第一，这既是西部装备制造的特色，又是西部装备制造业最大的优势。西部国防科技工业已发展成为覆盖航天、航空、兵器、核、船舶六大行业的完整体系，在航空、航天、核电、电子等高新技术领域具有较强的跟踪研究和自主开发能力。但西部装备制造业产业集群无论是数量上还是规模上都无法与东部相比，在全国具有一定竞争力和知名度的产业集群只有重庆摩托车产业集群，这也是西部唯一一个发育成熟、合作网络紧密的产业集群。

总体来看，陕西省装备制造业空间布局集中，产业集聚度较高，主要分布在西安、宝鸡、咸阳、渭南、汉中五大区域内。2006—2008年，陕西省装备制造业的七大主要行业在工业总产值上都取得了飞速的进步。装备制造业已成为陕两省经济和工业发展的重要支撑和进一步加快发展的潜力所在，其产业布局也具有了一定的规模竞争优势。陕西绝大部分装备工业都布局在关中“一线两带”上，集中了全省规模以上装备制造业90%的企

业，这种产业布局有利于大型装备制造企业发挥龙头作用，带动周边的中小企业，形成装备制造业产业集群。但陕西装备制造业集群整体经济效益不显著，尚未显现产业集群发展的优势。陕西的装备制造工业整体基础薄弱，创新能力不强，产业技术升级缓慢。大中型企业科研和创新能力不强，尚未形成具有核心竞争力的自主知识体系。

重庆市装备制造业产业集群发展主要是靠行业领先企业对配件、原材料生产商的带动作用形成的。重庆市汽车、摩托车产业集群的形成是以大企业为中心、众多中小企业与大型企业配套形成的，也称中心卫星工厂型的产业集群。换言之，形成了由国有大中型企业为核心的企业网络，具有规模经济效益的大公司与灵活易变、富于创新及冒险精神的中小企业并存的局面。例如，在重庆嘉陵摩托集团、长安集团等大型企业集团附近，都有相关企业繁殖和衍生。随着不断发展，重庆的汽车、摩托车产业集群的加工配套能力不断增强。产业集群发展的优势在于汽车基础设施建设比较完善，物质技术基础比较雄厚。重庆直辖以来，每年创造的工业增加值占GDP的比重一直保持在35%以上，其中制造业成为全市工业的主体，其产出贡献率在全市工业中的份额为80%以上。重庆市汽车、摩托车产业的大量企业集聚的同时，也带动了与之相关的支撑机构的发展，构成相对完整的装备制造业集群体系。产业集群中出现了规模较大的龙头企业，吸引众多中小企业加入其产业链，带动了相关产品的技术创新。企业之间形成良性竞争与合作关系，实施整合营销，通过产业集群内各行动主体的共同参与，树立产业集群的地域品牌。在汽车、摩托车产业集群的形成过程中，有汽车研究所的“中国重型汽车质量检测中心”、公路研究所的“中国客车质量检测中心”、重庆大学的国家级“传动实验室”、西南地区唯一的具有3C 资格的“重庆电器产品检测中心”。同时，一些与之适应的社会中介机构，如专利代理所、技术交易中心、科技情报研究所、生产力促进中心、知识产权研究会等也应运而生。重庆有5家专利代理所，7家摩托车研究所、

3 家市属以上科技信息中心、14 家区县级科技情报研究所等通过长期联系形成的本地化网络，这是集群可持续发展的重要因素。

四川省装备制造业经过“一五”“二五”及“三线”建设和改革开放三十多年来的发展，拥有了良好的产业基础，特别是经过“十五”与“十一五”的快速发展，形成了产业门类较为齐全、配套体系较为完善、技术装备较为先进、规模较人的装备制造工业体系。一批中小企业围绕龙头骨干装备制造企业聚集起来，使得装备制造业集群逐步形成。东方电气、二重集团、成飞公司等一批装备制造龙头企业，在清洁高效发电设备、冶金化工成套设备、工程机械、石油钻采、铁道机车车辆和航空航天等领域具有较强的竞争优势，也带动了一大批地方配套企业发展。目前，德阳已形成了以中国二重集团、东方汽轮机、东方电机、四川宏华等为龙头、带动周边 350 多家配套企业的产业集群，成为国内重装制造业集中度最高的区域。

2008 年四大装备制造业产业集群区域在装备制造业七个大类上的对比图（数据来源于 2009 年中国工业经济统计年鉴）（如图 4-1）。东北老工业基地的数据来源于辽宁、吉林和黑龙江三省，长三角地区数据来源于上海、浙江和江苏三省（直辖市），西部地区数据来源于重庆、四川和陕西三省（直辖市），而珠三角地区数据则来源于广东省。行业分类 1 至分类 7 分别表示金属制品业、电气机械及器材制造业、交通运输设备制造业、通用设备制造业、仪器仪表及文化办公用品制造业、专用设备制造业和电子及通信设备制造业。

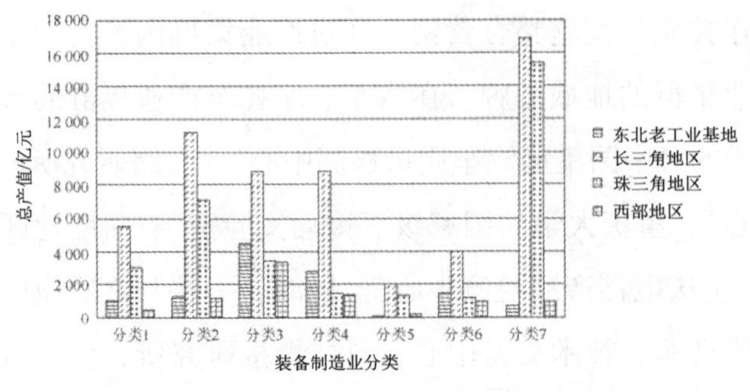

图 4-1　2008 年四大装备制造业产业集群的分类产品工业总产值比较图

从图 4-1 可以看出，从装备制造业总产值的地区分布来看，长三角地区在装备制造业七个大类中都占据非常明显的绝对优势，特别是在通用设备制造业和专用设备制造业中，其余三个产业集群区域的工业总产值都不及长三角地区的一半。珠三角地区在总量指标上位居第二，在金属制品业、电气机械及器材制造业、电子及通信设备制造业中和东北老工业基地及西部地区相比，也具有较为明显的优势，特别是在电子及通信设备制造业中，其工业总产值仅略低于长三角地区。东北老工业基地在交通运输设备制造业、通用设备制造业和专用设备制造业方面还占有优势地位，其工业总产值均在珠三角地区和西部地区之上。而西部地区的总量偏低，在交通运输设备制造业上还具有一定的规模。

二、我国装备制造业集群存在的问题

尽管自改革开放以来我国装备制造业产业集群的发展已经取得了可喜的成绩，但与世界先进水平相比，仍存在许多问题和差距。

（1）我国装备制造业集群的集中化程度不高。

迈克尔·波特的研究表明，在不同的产业存在着产业集群的正效应和负效应，在计算机、汽车、航空和通信设备制造业存在非常强的集群正效应。有数据显示，按市场份额计算的装备制造业市场集中化程度，美国为 58.4%，日本为 53.4%，我国仅为 7.5%。

（2）装备制造业产业集群的科研能力差，与高校、科研机构等研发单位的协同效应差。

装备制造业产业集群不同于其他产业集群，装备制造业的科技含量高，对研发水平的要求高，因此，通过与高校、科研机构等研发单位合作有助于集群的新产品研发。但是目前我国的装备制造业产业集群并没有充分认识到这个问题的重要性。新产品的研发速度低，核心技术很大程度上依赖进口。有数据显示，我国光纤制造装备的 100%、集成电路芯片制造装备的

85%、石油化工装备的80%，轿车制造、数控机床、纺织机械的70%需要进口。已形成的装备制造业产业集群缺乏统一的规划。由于装备制造业企业在产品和技术上存在着很强的配套要求，集群对产业关联的高度依赖远非其他行业制造业所能比拟。

（3）一些人为因素造成了产业集群内企业间关联程度不足。

目前在产业集群内的一些产业园区尽管形成了企业在地理上的集中，但是，在招商引资时，只注重短期内园区能达到的产值等数量指标，而不考虑企业之间的产业联系，不考虑能否产生产业集群效应。这就导致了各园区产业同构，功能相近，特点不突出，不利于产业集群的发展壮大和树立自己的品牌。装备制造业产业链长，集群对产业关联程度要求高，紧密的产业关联往往是装备制造业产业集群的推进器。但是在我国装备制造业产业集群的企业之间普遍缺乏这种关联性。以重庆的汽车制造业集群为例，集群内企业之间缺少产业关联性，不能形成良好的分工与协作。中小企业为大企业提供专业化供应配套的较少，没有形成上、中、下游产品配套发展的产业链，也没有与四川、贵州等周边地区形成产业综合优势。因此导致了重庆汽车制造业的某些关键部件的配套基础比较薄弱，很多企业所需的零部件特别是关键零部件需要进口或从外地采购。这导致零部件企业专业化生产水平不高，形不成规模，关键零部件产品自主开发能力、市场应变能力弱。另外，我国装备制造业产业集群内社会资本薄弱，企业间彼此缺乏信任、相互合作的基础。由于我国装备制造业产业集群的发展还处于初级阶段，并没有形成完善的关系型契约制度，企业家之间的信任基本上限于同学、朋友、亲戚之间，市场中欺诈行为、机会主义行为经常发生。企业间的正式交流、非正式交流较少，交易成本较高，许多企业都是相对封闭、大而全、小而全的生产系统，知识溢出效应、协同创新效应等集群效应还没有充分显现。

（4）我国装备制造业集群之间缺乏合作。

我国装备制造业集群与国外成熟装备制造业集群还有着较大差距。我国装备制造业集群发展较晚，其结构仍然不够稳定；而国外成熟装备制造业集群结构处于相对稳定的阶段，这导致我国装备制造业集群企业之间以竞争为主，企业间合作关系少，而国外集群企业间存在既竞争又合作的关系。但是由于装备制造业自身的特点，各装备制造业企业都比较注重与供应商之间的合作，这是国内外集群共同具有的特点，但与国外成熟装备制造业集群相比，我国的集群内供应商企业在数量、质量及构成等方面仍然有着较大的差距。

第三节 装备制造业集群创新能力与创新模式的匹配性分析

从演化维度看，企业技术创新能力的增长是技术创新能力各要素的连续性积累和总体技术创新能力间断性跃迁的过程，一般要经历模仿创新、合作创新、自主创新三个阶段。同时，基于技术创新能力的技术创新方式选择模型表明，企业采取的技术创新模式并不是随机的，而是随着企业的技术能力变化而变化的。企业在不同的情况下要采取不同的技术创新模式，即企业技术能力决定了技术创新模式的选择。因此，对装备制造业技术创新能力与技术创新模式的匹配性进行分析，有利于及时发现技术创新能力与技术创新模式之间的匹配误区，建立起技术创新能力与技术创新模式的良性互动关系，从而提升装备制造企业，乃至整个装备制造集群的创新能力和创新效率。

装备制造业集群技术创新能力和技术创新模式的相互匹配是指集群中的企业根据不同发展阶段的技术创新能力特点，选择差异化的技术创新模式来提高企业技术创新能力，进而带动技术创新模式升级的良性互动过程。

一般来说，二者之间的相互匹配主要体现在创新层次上的一对应，即企业技术创新能力越强，企业所选择的技术创新模式就越高级。发展中国家成功的工业化经验表明，企业技术创新能力和技术创新模式并不是一成不变的，而是随着技术的引进、消化和吸收，呈现出阶段性的特点。

一、装备制造业创新能力与技术创新模式的关系分析

（一）装备制造业创新能力

装备制造业技术创新能力是装备制造企业依靠新技术推动自身发展的能力，也是装备制造企业通过引入或者研发新技术来扩大自己的竞争优势，以进一步满足市场需求的基本能力。其主要包括三个方面：一是在技术上，企业能否将科学的概念转化成为用户开发的产品，并且生产、制造和提供给消费者；二是企业提供的产品是否能被用户认可，企业能否有效地说服用户接受自己的产品；三是企业是否能有效地管理这一过程，并获得一定的财务回报。

装备制造业是一个资金密集型和技术密集型的行业，涉及的技术面广。因此，装备制造企业的技术创新能力应该体现为一种由一系列相关要素组成的综合能力。构成装备制造企业技术创新能力的要素通常包括以下四个方面。

1．创新资源投入能力

创新资源投入是指获取稀缺生产要素并在创新活动中的投入，而创新资源投入能力则指投入创新资源的数量和质量。知识经济强调，知识是最重要的经济资源，然而，知识的重要性不只在于对知识的拥有和控制，更重要的是蕴藏在知识背后的能力及其发挥，而且企业的利润主要归结于对企业创新能力、知识和智力的大量投入所带来的递增收益。因此，创新资源投入能力主要表现为研发资金投入、人力投入、技术引进与消化吸收投入和技术改造投入。

2. 创新管理能力

创新管理能力是企业从整体上和战略上安排技术创新和组织实施技术创新的能力，包括企业创新战略、企业创新文化、企业创新组织、企业创新制度和企业创新流程。一个善于管理创新的企业应具有明确可行的创新战略和有效的创新制度。组织化是现代企业创新的基本特征之一，因此，有效的创新机制是指：企业创新人员得到合理安排使用，企业内部研发、生产、营销与综合管理部门间存在畅通的联系渠道和良好的沟通方式，具有良好的激励机制，企业与外部在组织、信息、人才等方面都有很好的交换方式和制度。

3. 创新激励能力

没有创新愿望，一切创新活动都不会产生。企业创新不是单纯的企业守业活动，而是企业员工追求卓越、积极进取的过程，是企业文化中首创精神的体现。创新激励能力就是使企业产生创新愿望，鼓励企业将愿望变成现实的能力，是使员工具有创新主动性和前瞻性的能力。

4. 创新实现能力

创新实现能力是相对创新过程而言的。技术创新过程大体包括以下几个阶段，首先由基础研究与应用研究得到设想或新的思想，然后经过研究开发出模式、样品或实验数据，经过中试过程，最后生产出新产品投入市场，并在营销中取得创新的效益。根据创新过程，可以认为创新实现能力包括以下三点。

（1）企业研究开发能力。

研究开发能力是创新资源投入积累的结果。但是创新资源投入能力不能代替研究开发能力，前者既强调研究开发投入，又强调非研究开发投入，后者则强调研究开发产出。

（2）生产能力。

生产能力指将研究开发成果从实验室成果转化为符合设计要求的批量产品的能力。

（3）营销能力。

创新所需要的营销能力不仅是指产品开发出来后所具有的销售能力，而且包括研究市场，使消费者接受新产品，通过企业用户和竞争者反馈信息以改进产品，从而提高新产品的市场占有率和扩大市场范围的能力。

（二）装备制造业技术创新模式

装备制造业技术创新模式是指通过探索装备制造业技术创新成功的规律，总结归纳出的对装备制造业技术创新具有指导意义的对策思路和工作方式。

按照企业获取技术资源和技术能力的来源不同，可以将装备制造业技术创新模式划分为自主创新、合作创新和模仿创新三种基本模式。

自主创新是指企业以自主研究开发为基础，通过自身的努力和探索产生技术突破，攻破技术难关，并在此基础上依靠自身的努力推动创新的后续环节，完成技术的商品化，获取商业利润，达到预期目标的技术创新活动。

合作创新是指企业间或企业、研究机构、高等院校之间的联合创新，通常是以合作伙伴的共同利益为基础，以资源共享或优势互补为前提，有明确的合作目标、合作期限和合作规则，合作各方在技术创新的全过程或某些环节共同投入、共同参与、共享成果、共担风险的一种技术创新行为。

模仿创新是指企业以自主创新者的创新思路和创新行为为榜样，并以其创新产品为示范？跟随率先者的足迹，充分吸取先行者的成功经验和失败教训，通过引进购买或逆向工程等手段吸收和掌握率先创新者的核心技术和技术秘密，并在此基础上对率先创新进行改进和完善，进一步开发和生产富有竞争力的产品的技术创新行为。

二、技术创新模式与创新能力的匹配性分析

装备制造企业需要根据自身的技术创新能力选择相应的技术创新模式，才能获得较好的技术创新效果。因此，企业可以按照模仿创新、合作创新和自主创新对技术创新各项要素能力的基本要求进行逐项比较。通过对装备制造企业技术创新能力和技术创新模式的匹配性分析，能进一步明确企业技术创新模式与其技术创新能力的匹配关系，从而为企业开展技术创新模式定位及其演化路径选择提供一个可供参考的依据。

（一）各种技术创新模式对技术创新能力的匹配要求各有侧重点

考虑到技术创新战略的需要，不同类型的企业技术创新模式对其技术创新能力的要求不完全相同，特别是侧重点具有明显的倾向性。

模仿创新着眼于利用学习模仿的途径来取得技术进步，从而谋求技术的创新，这样就必须先具备获取现有成熟技术的能力，再逐步提高企业自己的技术创新能力。

合作创新着眼于通过与各方合作的方式来实现技术上的创新，这样就依赖于各方合作的资源、条件和能力之间的互补关系，在接受帮助与合作学习下既能够较快地取得技术研发新成果，又能够有效提升企业自身的技术创新能力。

自主创新着眼于运用企业自身的创新资源条件、基础平台和要素能力来实现技术的突破性创新，这样就要求企业的整体技术创新能力很强，即既要求企业技术创新的各项要素能力都很强，又要求企业具备高水平的技术创新要素整合能力。

（二）各种技术创新模式对技术创新能力匹配的总体要求

企业技术创新能力是由各项要素能力构成的组合能力，每项要素能力对企业的整体技术创新能力的贡献作用各有不同。在企业技术创新的过程中，产业、企业、技术、时期、产品、竞争、政策和市场等因素的不同，

会对不同的要素能力产生直接或间接的影响，从而制约着企业整体技术创新能力的实际水平。

考虑到内外环境多因素作用的复杂性，不同技术创新模式对企业技术创新能力的整体要求只能从总体的角度来进行分析，即对于模仿创新的总体要求相对比较低，而对于合作创新的总体要求则有明显提高，对于自主创新的总体要求则更高。如果利用连贯性思维来看，模仿创新、合作创新和自主创新对技术创新能力水平的总体要求基本上形成了从“低”到“中”再到“高”的三个层次，而且这三个层次的要求呈现出阶梯式渐进提升的迹象。各类技术创新模式对技术创新能力的匹配要求（如图 4-1）。

表 4-1　技术创新模式对技术创新能力的匹配要求

技术创新模式 对技术创新能力的要求	模仿创新	合作创新	自主创新
对创新投入能力的要求	需要有相应素质的研发人才与科研管理人才；有一定的研发资金和人力投入，技术引进和消化吸收的投入较多；研发基础资源与实验平台相对充足	科研管理人才，尤其是研发人才在层次和结构上不够完善；研发资金投入可能不足；研发基础资源与实验平台相对欠缺	研发人才与科研管理人才综合素质要求高，结构合理，能力互补，形成人才组合的整体优势；研发资金和人力投入很大；研发基础资源与实验平台充足
对创新管理能力的要求	技术跟踪和模仿的意识强烈；技术模仿、引进和吸收的机制比较完善；有相应的研发组织结构和组织管理能力支持	了解自己在创新上的优势和劣势，研发合作的意愿很强；在创新战略和机制上有独到之处；专业管理能力和组织管理也有一定的长处；通过合作能够互补资源并发挥优势	创新文化建设深入人心，科研氛围良好，有独创精神和领先意识；创新机制和战略规划完备；知识管理能力和研发组织管理能力强大，技术创新的运营能力和过程管理能力也很强

续表

技术创新模式 对技术创新能力的要求	模仿创新	合作创新	自主创新
对研发能力的要求	在发展研究方面，有一定的技术选择能力和改进能力，技术模仿能力、吸收能力和跟踪能力比较强，也要有一定的创新能力	有从事部分应用研究和发展研究的能力，有一定的技术吸收能力和改造能力，在某些领域或专业上有一定的研发能力；在合作基础上能够发挥出一定的技术创造能力	在整个科研过程，具有独立从事基础研究、应用研究和发展研究的能力；科研探索能力和技术创新能力都很强
对生产能力的要求	符合模仿需要的设计能力、试制能力、生产能力和配套能力比较强；生产成本控制能力很强	在提高技术创新能力和研发新成果转化成主批量生产新产品的过程中，设计能力、试制能力、生产能力和配套能力有一部分强项，而其他能力需要合作方提供	对于技术创新全过程需要具备很强的设计能力、工艺装备能力、小试中试能力、批量生产能力以及相应的生产配套能力
对营销能力的要求	市场信息收集和分析能力较强；有一定的市场选择和促销条件；产品销售渠道比较畅通	作为强势或者劣势的合作方，在市场调研能力、市场开拓能力以及促销能力和分销能力中的某些部分有可能要求合作方的帮助	环境分析能力，尤其是科技发展趋势、竞争者的研发动态和市场需求变化的分析能力都很强；要有比较强的市场开发能力和市场营销能力
对企业技术创新能力的总体要求	相对较低属于“低”等级要求	明显提高属于“中”等级要求	整体很高属于“高”等级要求

（三）各种技术创新模式的其他适用条件

需要强调的是，技术创新能力水平并不是企业选择技术创新模式的唯一依据，但却是最主要的因素，因而成了本书论证的基础依据。然而，这并不能否认选择技术创新模式还存在着其他条件，因此有必要进行适当的补充说明，以便于更全面地认识和理解这些适用条件。

从实践来看，不同模式的技术创新活动必须具备相应水平的技术创新能力；从理论来讲，不同水平的技术创新能力也必须适应相应层次的技术创新模式。所以，任何企业都应该运用 SWOT 分析法根据实际情况来全面深入地研究环境因素，以扬长避短、抓住机会而避开威胁，本着与本企业技术创新能力相匹配的基本要求，选择协调性好的技术创新模式，制定切实可行的企业技术创新战略。

（四）技术创新模式的定位选择

以上研究的结论基本上可以把企业技术创新能力划分为高、中、低三个等级，因而本节就直接按照企业技术创新能力的这三个等级来展开研究。与此同时，本节通过匹配分析也已经把企业的模仿创新、合作创新和自主创新对技术创新能力的总体要求归类为低、中、高三个层次。现以企业技术创新能力水平为横坐标，将作为自变量的技术创新能力按其水平依次分为三个等级；以企业技术创新模式的要求为纵坐标注，将作为因变量的技术创新模式按其总体要求依次分为三个层次。这样根据技术创新能力与技术创新模式的匹配关系组合成为一个九方格矩阵模型（如图 4-2），以推进企业技术创新的模式定位及其演化路径的研究。

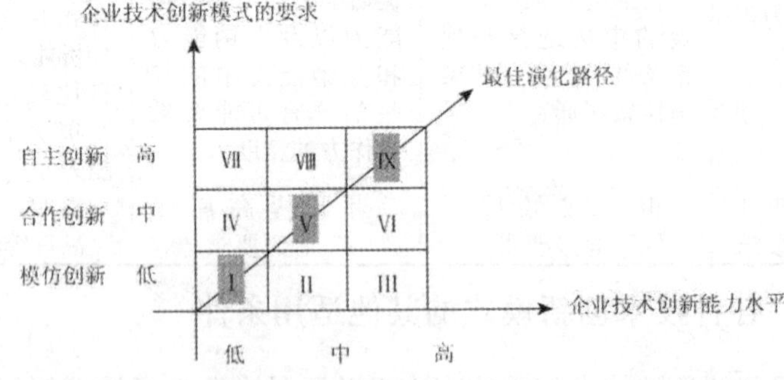

图 4-2 技术创新能力与技术创新模式匹配的矩阵

从静态的角度来分析，图 4-2 中技术创新能力与技术创新模式之间存在着九种匹配关系，这九种匹配关系所形成的三个区域可以划分为三种基本类型。

1．协调型的匹配关系

在方格Ⅰ、Ⅴ、Ⅸ区域中，方格Ⅰ、Ⅴ、Ⅸ的匹配关系依次表现为低能力配低要求、中能力配中要求、高能力配高要求，都属于协调型的匹配关系。方格Ⅰ、Ⅴ、Ⅸ区域的技术创新能力与技术创新模式的匹配性很好，这种“门当户对”式的匹配关系既能够使企业充分发挥出技术创新能力，又能够选择出合适的技术创新模式。企业按照这种良好匹配关系所选择的最优技术创新模式分别是模仿创新模式、合作创新模式和自主创新模式。

2．能力过剩型的匹配关系

在方格Ⅱ、Ⅲ、Ⅵ区域中，方格Ⅱ、Ⅲ、Ⅵ的匹配关系依次表现为中能力巨低要求、高能力配低要求、高能力配中要求，都属于能力过剩型的匹配关系。方格 Ⅱ、IⅡ 、Ⅵ区域的技术创新能力强而技术创新模式的要求偏低，这种“杀鸡用牛刀”式的匹配关系使企业已经具备的技术创新能力无法充分有效地发挥出来，实际上是一种资源浪费的匹配关系。与方格 Ⅱ 和方格Ⅵ相比，方格 Ⅲ 的匹配关系还要差一些，能力的过剩也要严重一些。虽然企业按照这三种能力过剩型的匹配关系所选择的模仿创新模式和合作创新模式都具有可操作性，但这无疑是一种很不经济合理的选择。

3．能力不足型的匹配关系

在方格Ⅳ、Ⅶ、Ⅷ区域中，方格Ⅳ、Ⅶ、Ⅷ的匹配关系依次表现为低能力配中要求、低能力配高要求、中能力配高要求，都属于能力不足型的匹配关系。方格Ⅳ、Ⅶ、Ⅷ区域的技术创新模式的要求高而技术创新能力偏低，这种“赶鸭上架”式的匹配关系表明，企业现有的技术创新能力根本无法真正满足企业创新活动的实际需要。可见，企业按照这三种能力不足型的匹配关系来选择技术创新模式是完全不可取的。

综合上述分析，企业技术创新模式的最佳定位选择是矩阵图中的方格Ⅰ、Ⅴ、Ⅸ，也就是与技术创新能力具有协调型匹配关系的模仿创新模式、合作创新模式和自主创新模式。

第五章　装备制造业集群发展与创新的内在机制

第一节　集群发展与创新的学习机制

一、学习机制的构成

产业集群之所以具有竞争力，一方面源于主导产业和关联配套产业空间集聚带来的成本降低和规模经济效益，另一方面也源于基于网络化联结的企业知识技术合作和产业科技创新，典型的如产学研用基于地理空间和网络空间的多元合作形成产业创新网络啊。其原理在于，由于创新活动的复杂性和风险性，单个企业开展创新活动的难度较大，往往需要多个相关企业及高校、科研部门、科技中介、金融机构的共同参与，创新才可能获得成功，这充分体现出产业集群的网络特性。首先，在产业集群内部，容易产生专业知识、生产技能、市场信息、资本扩张等方面的累积效应。产业集群内部往往集聚着数量众多的关联配套生产企业、高校及科研机构、商会、协会、中介机构、金融机构等，在产生较强的知识、信息及资本累积效应的同时，大量生产企业也时刻面临着同行竞争的压力，这一方面为企业提供了实现创新的重要信息来源及物质基础，另一方面也使集群内的企业时刻保持创新的动力。其次，集群内企业之间紧密的网络关系，使得生产企业和高校、科研部门等相关机构之间更容易形成一个相互学习的整体，推动了集群学习的进程，降低了学习成本，促进了更多有创新价值的技术经济活动的发生。

因此，基于装备制造业产业链长、产业关联度大、技术密集等特征，要着力在集群内上下游企业以及合作竞争对手之间通过正式或非正式的交流建立常态化学习机制。这种学习机制主要从两个层面进行：首先是企业（特别是大型企业引领下）对集群外国内外先进知识技术的动态引进、消化、吸收和创新；其次是集群内企业的互动学习和消化、吸收、再创新（如图 5-1）。产业集群发展的国际经验表明，单纯依赖外部技术引入只能使集群永远处于技术追赶的被动落后地位，要保持产业集群的竞争优势，必须在集群内部形成一种相互学习、优势互补、知识共享、自我增强的二次创新机制。鉴于此，笔者认为，装备制造业集群式创新发展需要外部压力和内部动力的协同作用和共同推进，而积极参与全球竞争与合作则是有效化解外部压力和全面激发内部动力的重要途径。反映在产业科技的创新上，就是把知识技术的集群外部学习引进和内部学习再创新有机协调起来，充分发挥外部压力的倒逼作用和内部动力的主导作用，协同推进装备制造业的集群式创新发展。

装备制造业集群要想提高创新能力，必须扩大集群内知识的学习、积累并促进知识的流动。装备制造业集群学习概念中的知识技术包括显性知识与隐性知识两种主要类型。显性知识易通过书面传递而被模仿甚至剽窃，隐性知识难以书面交流因而具有更好的独占性和竞争性。显性知识技术通过多渠道、网络化转移促进集群内企业知识技术的共享，从而提高装备制造业集群式创新能力。隐性知识技术通过集群内企业间面对面的交流和学习进行扩散，转化为集群内企业员工的知识经验和个人技能，再通过这些员工在集群内的流动进一步扩散和传播，从而提升集群核心竞争力。从数量比重看，集群内企业中的显性知识技术一般只占较小比例，更多的是以隐性知识技术存在的。在产业科技问题不断解决和知识不断内化的过程中，隐性知识技术会逐渐程序化、规范化和显性化，进而以成文的形式固化和表达，使隐性知识技术逐步转化为显性知识技术。创新的关键在于显性知识技术的高效转移与隐性知识技术的学习转化，形成知识技术的动态创新，特别是对装备制造业共性关键技术的突破和掌握所急需，从而促进装备制造业集群式创新发展。

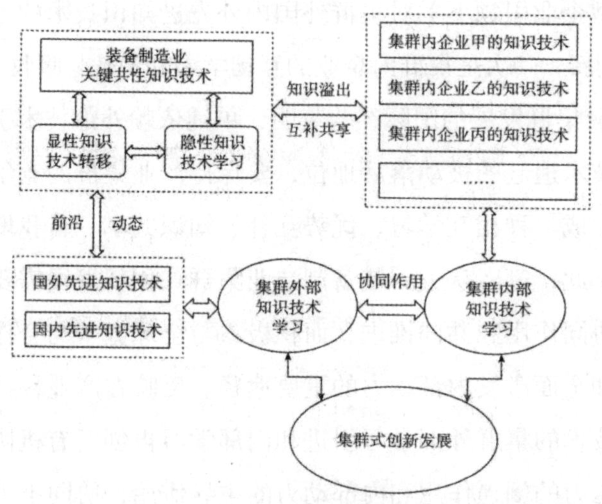

图 5-1　装备制造业集群式学习机制框架

构建装备制造业集群式创新学习机制需要抓好四个关键问题：首先，充分利用龙头企业的综合技术实力，发挥龙头企业的引擎示范作用，引领带动众多中小企业协同创新。这是因为，龙头企业的经营规模和综合实力使其具备更强的能力消化吸收从集群外部获取的知识，并在集群内部通过企业合作创新网络形成外溢效应促进集群创新。其次，充分调动集群内企业（尤其是关联配套的中小企业）互动学习的主观能动性。要促进企业间互动学习和知识外溢，形成良好的集群学习氛围，就必须转变企业封闭式创新的传统思维，培育企业特别是企业家开放协作的创新理念和创新精神，激发企业间相互学习的积极性、主动性。再次，大力营造良好的集群学习环境。鼓励龙头企业加快自主创新步伐，引导关联企业开展协作创新，提高集群内企业间互动学习的知识技术存量。畅通知识技术溢出通道，以保障集群内企业能从中学到所需的先进知识技术，提高企业的知识技术储备。

培育集群内企业间合作竞争的理念，以集群发展共同的目标增进相互信任，促进分工协作和有序竞争。最后，政府部门给予政策层面的支持和引导。地方政府及职能部门积极履行店小二职能，制定相应措施保障集群企业间人才流动的顺畅性。建立为产业集群提供技术信息和技术支持的知识中心性机构，为集群管理和服务提供支持与帮助的管理服务机构，引导企业把握产业科技前沿动态，推动集群与外部企业及相关机构的交流与合作，促进外部知识技术的流入和集群的创新发展。

二、学习网络的构建

为进一步分析装备制造业集群式创新学习机制，本部分采用社会网络分析法，以徐工集团、卡特彼勒、利勃海尔等代表性企业为例，通过构建知识技术学习创新网络，试图从一个侧面剖析徐州工程机械产业集群的创新网络。

（一）徐州工程机械产业集群概况

装备制造业是支撑徐州经济社会发展的六大千亿元产业之一，而工程机械产业则是徐州装备制造业的主导产业，是构建徐州现代工业产业体系的领军行业和支柱产业。经过多年培育发展，目前徐州已拥有规模以上工程机械制造企业近400家，集聚了徐工集团、卡特彼勒、利勃海尔、爱斯科等国内外工程机械巨头，具备雄厚的产业基础和较强的行业竞争优势，荣膺“中国工程机械之都”称号。徐州不仅是国内工程机械生产企业最多、综合规模最大、品种覆盖面最广、产业集中度最高的城市，同时还是国内最大的工程机械租赁、物流业和配件基地，尤其是全国路面机械租赁中心，正加快实现从“中国工程机械之都”到“世界工程机械之都”的角色地位转变。

目前，中国工程机械已经形成了徐州、长沙、常州、厦门、济宁、柳州六大生产重镇。徐州工程机械行业正面临全球市场调整和国际国内的激烈竞争，迫切需要构建集群内外先进知识技术的交流学习和互动创新网络，推动徐州工程机械行业的集群式创新发展。

（二）数据来源

装备制造业企业在进行技术创新过程中，通过与集群内外的企业、科研机构等创新主体合作，在集群内和集群间形成了复杂的技术创新学习网络，可以利用社会网络分析的方法对其进行深入研究。社会网络分析擅长处理关系数据，如企业甲与企业乙进行技术创新合作，就表明甲、乙两个企业之间存在学习关系。为此，本部分将采用企业访谈、文献分析和网络信息检索相结合的方法，收集整理徐州工程机械产业集群创新社会网络及其空间变化特征指标。企业访谈主要是通过笔者及相关成员对徐工集团、卡特彼勒、利勃海尔等代表性企业进行面对面或电话交流获取数据资料。文献分析则通过中国知网查阅徐工集团等工程机械企业及行业文献资料。网络信息检索主要通过百度搜索中输入“工程机械企业甲名称+企业乙名称+集群式创新网络”等关键词获取企业间交流学习信息。数据来源按准确性、重要性、关联性确定的先后顺序为“企业访谈数据>中国知网数据>百度搜索数据”，据此确定最终的产业集群式创新学习网络关系数据矩阵。鉴于徐州规模以上工程机械制造业企业多达近400家，笔者遴选了企业规模较大、品牌知名度较高、产业关联性较强的23家代表性企业（见表5-1），通过建立企业间学习关系矩阵进行分析。

表5-1　徐州工程机械产业集群式创新学习网络代表性企业

编号	企业名称	编号	企业名称
1	徐工集团	13	徐州威马机械有限公司
2	卡特彼勒（徐州）有限公司	14	徐州久发工程机械有限公司
3	徐州利勃海尔混凝土机械有限公司	15	徐州天晟工程机械集团
4	徐州罗特艾德回转支承有限公司	16	徐州万都机械有限公司
5	爱斯科（徐州）耐磨件有限公司	17	徐州美驰车桥有限公司
6	徐州徐挖约翰迪尔机械制造有限公司	18	江苏跃进正宇汽车有限公司
7	肯纳金属（徐州）有限公司	19	常州天正工业发展股份有限公司
8	徐州正菱徐挖有限公司	20	凯地钻探（北京）股份有限公司

续表

编号	企业名称	编号	企业名称
9	徐州昊意工程机械科技有限公司	21	江苏省交通工程集团
10	徐州徐筑科技有限公司	22	河南国际合作集团有限公司
11	徐州福曼随车起重有限公司	23	芬兰赫德米亚公司
12	徐州凯诺机械有限公司		

资料来源：中国工程机械工业协会，徐州市工程机械商会，《徐州统计年鉴 2016》。

（三）学习网络的主要特征

根据徐州工程机械企业学习关系矩阵，运用 Ucinet 6.0 软件绘制出 23 家代表性企业集群式创新学习关系网络图，（如图 5-2），清晰地展示了以 23 家企业为代表的徐州工程机械产业集群式创新学习网络关系，这表明这些企业之间存在由知识外溢、互补共享等带来的学习联系。

中心性是衡量徐州工程机械产业集群式创新学习网络中心性的重要指标。在网络中处于中心位置的企业更容易为产业科技创新所需资源及信息，因而拥有更大的学习创新主导性和影响力。按照学习关系联系数量大于 35 对分数据并进行可视化和中心度分析，可以得到（图 5-3）和（表 5-2）所示的结果，各企业在集群式创新学习网络中的节点中心性具体如下。

装备制造业的集群式创新与区域联动

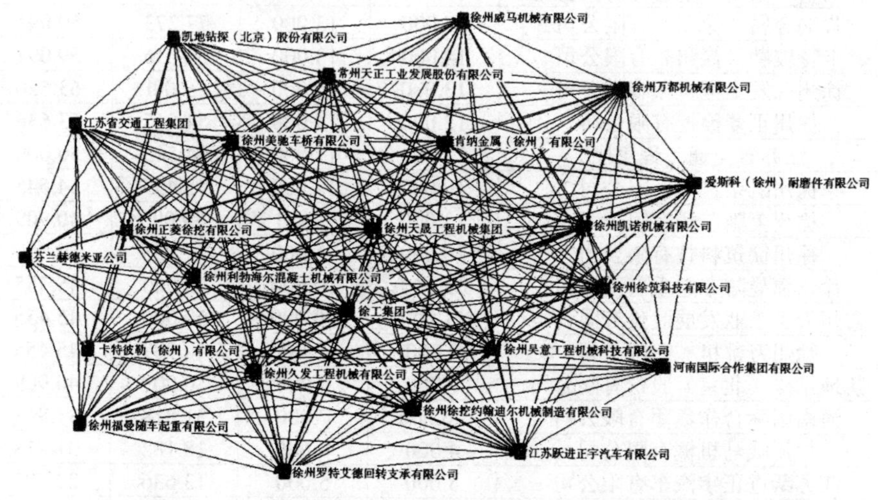

图 5-2　徐州工程机械产业集群式创新学习网络可视图

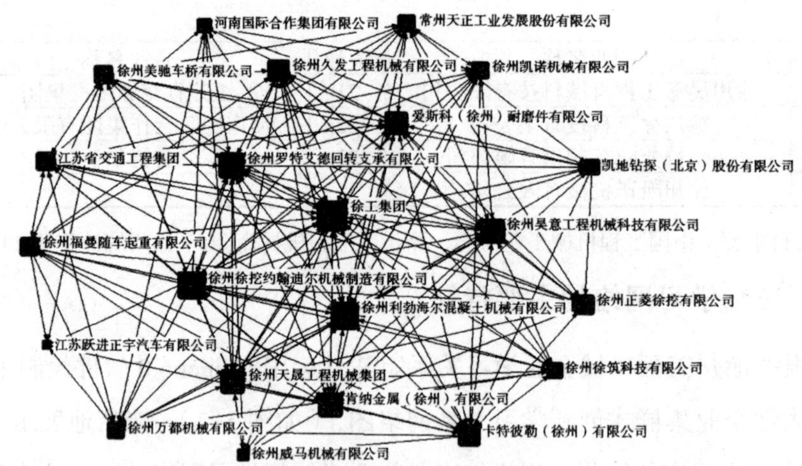

图 5-3　徐州工程机械产业集群式创新学习网络中心性可视图

表 5-2　徐州工程机械产业集群式创新学习网络中心度

企业名称	点出度	点入度	标准化点出度（%）	标准化点入度（%）
徐工集团	19.000	20.000	86.364	90.909
徐州利勃海尔混凝土机械有限公司	17.000	19.000	77.273	86.364
徐州罗特艾德回转支承有限公司	16.000	18.000	72.727	81.818
徐州徐挖约翰迪尔机械制造有限公司	19.000	15.000	86.364	68.182
徐州天晟工程机械集团	17.000	17.000	77.273	77.273
徐州昊意工程机械科技有限公司	16.000	17.000	72.727	77.273
爱斯科（徐州）耐磨件有限公司	16.000	14.000	72.727	63.636
肯纳金属（徐州）有限公司	17.000	13.000	77.273	59.091
卡特彼勒（徐州）有限公司	14.000	13.000	63.636	59.091
徐州久发工程机械有限公司	13.000	14.000	59.091	63.636
徐州正菱徐挖有限公司	12.000	14.000	54.545	63.636
江苏省交通工程集团	12.000	11.000	54.545	50.000
徐州凯诺机械有限公司	10.000	12.000	45.455	54.545
徐州美驰车桥有限公司	13.000	9.000	59.091	40.909
徐州徐筑科技有限公司	10.000	11.000	45.455	50.000
徐州福曼随车起重有限公司	11.000	10.000	50.000	45.455
常州天正工业发展股份有限公司	11.000	10.000	50.000	45.455
徐州万都机械有限公司	9.000	10.000	40.909	45.455
凯地钻探（北京）股份有限公司	9.000	9.000	40.909	40.909
河南国际合作集团有限公司	70.000	7.000	31.818	31.818
徐州威马机械有限公司	4.000	7.000	18.182	31.818
江苏跃进正宇汽车有限公司	3.000	5.000	13.636	22.727
芬兰赫德米亚公司	2.000	3.000	9.091	13.636

1．点出度

点出度是企业向其他企业发出学习关系次数的量化，即学习矩阵中某企业所在行上所有量化数据之和。徐州工程机械产业集群式创新学习网络中，点出度最大的依次是徐工集团（19）、徐州徐挖约翰迪尔机械制造有限公司（19）、徐州利勃海尔混凝土机械有限公司（17）、徐州天晟工程机械集团（17）、肯纳金属（徐州）有限公司（17）五家企业。相较其他企业员而言，它们拥有的主动学习联结关系更多，所以这五家企业是集群式创新学习网络的意见领袖。

2．点入度

点入度是企业接受其他企业学习关系次数的量化，即学习矩阵中某企业所在列上所有量化数据之和。徐州工程机械产业集群式创新学习网络中，点入度最大的依次是徐工集团（20）、徐州利勃海尔混凝土机械有限公司（19）、徐州罗特艾德回转支承有限公司（18）、徐州天晟工程机械集团（17）、徐州吴意工程机械科技有限公司（17）五家企业。相较其他企业员而言，它们拥有的承接学习联结关系更多，所以这五家企业是集群式创新学习网络的媒介领袖。

3．标准化点出度

标准化点出度是某企业点出度与该企业在学习网络中最大可能的关系数的比值，表示该企业主动关注网络中其他企业学习关系的比例，其大小顺序与点出度一致。因此，徐州工程机械产业集群式创新学习网络中，徐工集团、徐州徐挖约翰迪尔机械制造有限公司两家企业均关注了网络中86．364%的企业学习关系，徐州利勃海尔混凝土机械有限公司、徐州天晟工程机械集团、肯纳金属（徐州）有限公司三家企业均关注了网络中77．273%的企业学习关系。

4．标准化点入度

标准化点入度是某企业点入度与该企业在学习网络中最大可能的关系

数的比值，表示该企业被网络中其他企业关注学习关系的比例，其大小顺序与点入度一致。因此，徐州工程机械产业集群式创新学习网络中，徐工集团被网络中90.909%的企业关注学习关系，徐州利勃海尔混凝土机械有限公司被网络中86.364%的企业关注学习关系，徐州罗特艾德回转支承有限公司被网络中81.818%的企业关注学习关系，徐州天晟工程机械集团、徐州吴意工程机械科技有限公司两家企业均被网络中77.272%的企业关注学习关系。

综上可以看出，在徐州工程机械产业集群式创新学习网络中，徐工集团居于整个学习网络的核心，属于第一层次的中心企业，拥有更大的学习创新主导性和影响力，是产业集群式创新学习网络的主要引领者。第二层次的中心企业是徐州利勃海尔混凝土机械有限公司、徐州罗特艾德回转支承有限公司、徐州徐挖约翰迪尔机械制造有限公司四家企业，它们拥有较大的学习创新主导性和影响力，是产业集群式创新学习网络的重要引领者。第三层次的中心企业是徐州吴意工程机械科技有限公司、爱斯科（徐州）耐磨件有限公司、肯纳金属（徐州）有限公司、卡特彼勒（徐州）有限公司四家企业，它们拥有一定的学习创新主导性和影响力，是产业集群式创新学习网络的重要骨干。其余十四家企业属于第四层次，对网络学习创新的主导性和影响力相对较小，但构成了产业集群式创新学习网络的良好基础。

三、学习网络的完善

（一）充分发挥徐工集团的创新引领作用

学习网络的分析表明，徐工集团是徐州工程机械产业集群式创新的主要引领者，需要进一步发挥其在整个学习网络中的引领带动和桥梁纽带作用，推动网络中其他企业的共同学习、知识溢出和技术进步，激发集群内生的原始创新和集成创新能力。如徐工集团着力建设的全球产品协同研发，目前已在美国、德国和中国的上海、南京及徐州建设了研发基地，全球研发人员共享研发平台数据，迈出了创新引领的重要一步。目前，我国工程机械行业很多关键零部件的核心技术仍然受制于人，通过集群自身学习增强自主创新能力显得尤为迫切。因此，为适应全球化竞争，抢占工程机械行业发展先机，徐工集团要加快调整研发设计战略，由专注产品开发向更加注重共性技术、核心技术、专有技术的深度研究转变，聚力实现施工应用技术、液压传动技术、动力传动技术、智能控制技术、结构优化技术五大专业方向关键核心技术的突破创新，引领带动徐州工程机械产业的集群化创新发展。

（二）积极发挥网络骨干企业的中坚传导作用

卡特彼勒、利勃海尔、罗特艾德、美驰车桥、约翰迪尔、爱斯科、肯纳金属等企业大都为世界工程企业巨头和世界500强企业参股的中外合资和外商独资企业，其母公司均拥有强大的科技创新综合实力。改革开放，特别是20世纪90年代以来，徐州工程机械行业先后从美国、德国、日本、英国等发达国家引进先进技术和设备，先后与世界工程机械行业著名的卡特彼勒、利勃海尔、克鲁伯、美驰等一流国际化大公司建立了战略合作关系。通过技术引进和战略合作，徐州工程机械制造业学到许多先进的技术和企业管理经验，为徐州工程机械制造业研制开发高端产品打下了坚实的基础，更对推进整个行业的技术进步起到了非常积极的作用。但中心度的分析表明，卡特彼勒、美驰车桥、爱斯科等企业并未成为徐州工程机械产业集群式创新学习网络的重要骨干，要进一步创新合作方式，可以采取技术入股、资产重组、兼并收购等多种方式加强产业科技创新合作，通过引进消化吸收再创新提升徐州工程机械产业科技含量。

（三）全面加强同集群外部先进科技企业的学习合作

工程机械行业具有典型的资本和技术双密集特征，雄厚的资本是企业开展技术创新的基本保障，强大的技术创新能力是企业提升全球竞争力的重要支撑，在开放经济环境下既要坚持自主创新不动摇，也要注重加强与国内外先进科技企业的交流合作。如芬兰赫德米亚公司是一家致力于将研究创新成果产业化、科技开发以及为成长型企业服务的高技术企业，常州天正工业发展股份有限公司主营工业互联网和信息化，需要进一步加强与这些企业的交流合作，提升徐州工程机械行业科技创新和信息化、智能化发展水平。

（四）积极借助互联网放大集群式创新核心优势

集群式创新的核心优势是创新功能在一定空间的高度集成。在集群式创新中，整个集群的创新功能是由产业链环各企业共同实现的，每个企业从事自己最具优势环节的创新活动，通过创新链集成以实现整体创新功能。显然，由这些强势创新环节聚合形成的集群创新链比单个企业创新能力的简单叠加更为强健。而且，这种集群式创新的优势会随着互联网、大数据等信息科学技术的进步而产生马太效应。此外，在集群式创新中，每一个创新功能单元与其他功能单元并非简单线性关联，而是一种复杂的网络关联，由此形成的产业集群式创新链具有网络性、可达性、灵活性等特征，便于集群创新链的网络组合和动态优化，从而提升工程机械集群的整体创新能力。因此，徐州工程机械行业在通过主导和关联企业地理位置上的集中或邻近（实体空间）促进集群式创新的同时，随着现代信息技术的快速发展，也可以积极运用互联网等信息技术打破产业的物理空间阻隔，构建基于信息化网络虚拟邻近（虚拟空间）的产业集群式创新，从而获得信息化条件下工程机械行业集群式创新的新优势。

综上，就集群发展的规律及创新特征而言，进一步完善徐州工程机械产业集群的学习创新网络，并借鉴推广至装备制造业其他产业集群，对江苏装备制造业的集群式创新发展无疑具有重要的推动作用。

第二节　集群发展与创新的产学研合作机制

产学研合作对于发挥企业、高校和科研机构各自的资源优势，实现产业发展要素的最佳组合，推动产业科技创新和促进产业升级等有着重要的意义，因而受到世界各国的普遍重视。党的十九大报告明确提出，要深化科技体制改革，建立以企业为主体、市场为导向、产学研深度融合的技术创新体系。装备制造业具有技术含量高、系统集成度高、产业链条长、集群式发展等特征。而高等学校和科研院所在先进知识技术创造、高端研发人才培育、研发平台服务等方面具有独特优势，是所在区域知识和技术最重要的创造机构之一。因此，建立和完善产学研合作机制，对装备制造业的集群式创新发展具有十分重要的推动作用。

一、产学研合作的三螺旋理论

产学研合作通常涉及包括企业、高校和科研机构、政府、科技中介机构、金融机构等在内的多个不同性质的合作主体。企业是产学研合作的主导者，也是产学研成果转化的市场推动者。成果转化贯穿产学研合作全过程的核心，从合作环境的建立、合作政策的完善到合作成果的展示，均直接作用或服务于成果的转化，这是产学研合作的核心要义。高校和科研机构是产学研合作开展技术创新的主体，在产学研合作中具有知识技术创新和人才培养两个方面的重要作用。一方面，高校和科研机构是知识技术创新的主体，通过创造知识技术理论和应用技术成果，为企业科技创新提供理论基础和应用支撑，从而成为科技创新成果转化的理论和应用策源地；另一方面，高校与科研机构作为知识创新的主体还担任着人才培养的重任，为企业科技创新提供人力资源和智力支撑，从而成为科技创新成果转化的人才培养基地。政府是产学研合作的环境建设主体，为产学研合作创新营造良好的政策和法律环境，保障产学研合作的持续健康运行。市场经济的大环境下，政府出台政策和制定法律的好坏往往直接影响甚至决定产学研合作整体效率的高低。科技中介机构和金融机构等相关辅助机构是产学研合作中的服务主体，包括创业创新服务中心、行业协会、资本市场、劳动力市场以及技术市场等组织机构，主要为产学研合作提供资金、技术、管理、投资、信息等各方面服务，在产学研合作中发挥桥梁和纽带的作用，促进产学研科技创新和成果转化（如图 5-4）。

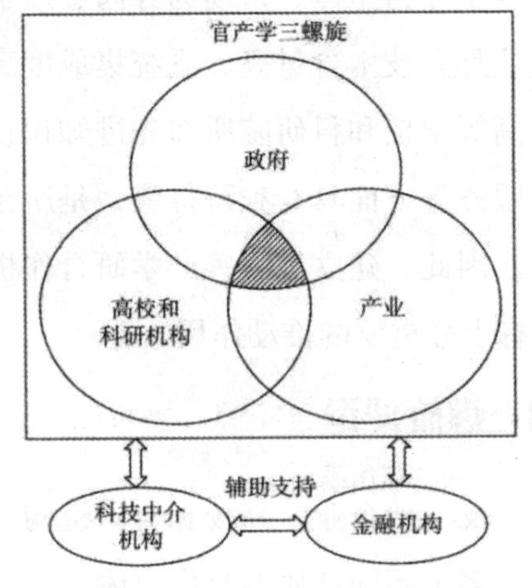

图 5-4　产学研合作框架图

20 世纪 90 年代中期，亨利 · 埃茨科维兹和洛艾特·雷德斯多夫基于产学研合作主体提出了著名的官、产、学三螺旋理论，用来分析在知识经济时代产业、高校和科研机构、政府之间的合作互动关系。被学界认为开创了一个创新研究的新领域、新范式。三螺旋理论认为，官、产、学作为科技创新的三大主体，三者根据市场要求而联结起来，形成三种力量相互作用、交叉影响的三螺旋关系，共同推动科技创新和生产力转化（如图 5-4）。三螺旋理论的核心意义在于将具有不同创新功能和价值体系的企业、高校和科研机构、政府等融为一体，形成产业领域、知识领域和行政领域的三力合一，通过增强三者之间的有效互动来优化创新资源配置，实现知识理论和产业科技创新系统的不断融合和跨越提升，从而促进经济社会的可持续发展。从图 5-4 也可以看出，与三螺旋理论强调官、产、学在产学研合作的主体地位相似，随着科技创新的系统性、复杂性，学界也越来越强调科技中介机构、金融机构等辅助机构对提升产学研合作绩效的重要性。

利用博弈论可以对政府介入产学研合作的三螺旋理论作进一步解释。假定高校、科研机构的产学研合作成本为 c（c≥0），企业的产学研合作成本为 d（d≥0），合作成本包括双方的信息搜寻成本、机会成本、风险成本等。p 和 q 分别表示高校、科研机构和企业均选择独立开展科技创新活动时的预期收益。e 和 f 分别表示高校和企业均选择合作开展科技创新活动时各自的预期收益增量。由此形成的产学研合作博弈矩阵（见表 5-3）。可以看出，该博弈在高校、科研机构和企业双方合作所得净收益增量为非正数时（e-c≤0，f-d≤0），纳什均衡是显而易见的。由于合作要付出成本，经过反复剔除劣势策略，高校、科研机构和企业都会选择不合作的占优策略，形成（不合作，不合作）的博弈均衡。这时的产学研合作就需要政府外部力量的介入，使双方的合作所得净收益增量为正数（e-c>0，f-d>0），从而使（合作，合作）成为一种纯策略纳什均衡。

表 5-3 产学研合作博弈收益矩阵

	企业合作	企业不合作
高校、科研机构合作	[p+（e-c），q+（f-d）]	（p-c，q）
高校、科研机构不合作	（p，g-d）	（p，g）

现实经济环境中比较多见的情形是，高校、科研机构和企业在产学研合作中所得净收益增量都为正数，双方均能享受到产学研合作带来的利益。此时，该博弈模型有（合作，合作）和（不合作，不合作）两个纯策略纳什均衡。但由于信息不对称或信息搜寻成本过高，可能出现（不合作，不合作）的囚徒困境。这就需要政府制定积极政策引导企业和高校、科研机构进行产学研合作，凸显出政府参与对产学研合作的促进和保障作用。

二、产学研合作的主要模式

从内涵及表现形式看，产学研合作属于一种产业技术创新联盟。早在2008年，科技部、财政部、教育部等六部委就联合出台了《关于推动产业技术创新战略联盟构建的指导意见》(国科发政〔2008〕770号)，明确提出要遵循市场经济规则，积极探索多种、长效、稳定的产学研联盟机制。从国内外装备制造业集群发展和产业科技创新的实践看，产学研合作主要有项目纽带合作、联合技术中心、科技园区、企业附属研究院等模式。

(一) 项目纽带合作模式

项目纽带合作是一种比较松散的合作模式，包括项目委托、联合研发、技术转让等多种形式。其主要特点是装备制造企业、大学、科研院所等以具体产业技术项目为纽带，通过签订协议建立合作关系，项目完成后合作关系自然解除。如南京高精齿轮集团有限公司作为南京风电装备产业集群内龙头企业之一，是一家以专业生产高速重载齿轮为主的大型企业，名列中国机械工业核心竞争力100强。公司通过与集群内外的清华大学、东南大学、南京航空航天大学、武汉交通科技大学、江苏机械设计研究院、马鞍山钢铁设计院、北京钢铁设计院等建立项目合作关系，共同研发了风力发电机组主传动齿轮箱这一核心关键技术和产品，以及建材、冶金、铁路机车、石化专用齿轮箱等一系列产品，巩固和提升了公司在中国齿轮行业的龙头地位。从实践看，由于装备制造业技术含量高，单靠企业自身力量有时难以突破，而项目纽带合作是一种相对松散但比较灵活的产学研合作模式，因而被企业广泛采用。

(二) 联合技术中心模式

这种模式主要是通过高校、科研机构和企业签订合同，合作设立技术开发中心、重点实验室等相对独立的研发机构。其主要特征是权责明确，互利共赢。联合技术中心一般由官产学研三方共建，即企业出资，政府引导和扶持，高校和科研机构发挥科研及人才优势，企业为运作主体，协同开展产业技术研发和成果转化。如河南焦作市装备制造技术研究中心就是在市政府的引导和支持下，由焦作市科技局、河南中轴控股集团股份有限公司等装备制造企业、大连理工大学、河南理工大学、焦作大学等高校及科研机构三方共同筹建，由中轴集团等焦作市装备制造骨干企业出资成立的。该中心将遵循“政府搭桥、市场导向、企业主体、协同创新”的基本原则，充分发挥官产学研合作优势，以装备制造业企业的科研需求及产业共性关键技术为主要研究方向，打造集科技研发、成果转化、产业化基地和高端人才培养于一体的技术创新平台载体，形成政产学研用密切结合的一体化技术创新联盟，推动焦作市装备制造业的转型升级和集群发展。

（三）科技园区模式

这种模式通过政府、高校、科研机构和企业共同合作，以推动产业科技创新和区域经济发展为目标，以市场经济为基础，资金和项目为纽带，大学和科研院所的技术和人才为依托，通过签订合同、协议等法律文件，按照社会化运作方式建立的区域性产业科技园。目前，我国的科技园区已经初步形成了研究基地、孵化基地和产业基地的有机链接，通过园区小资金撬动社会大资金、引入风险投资等多种方式扩大资本规模，形成了园区内的产业群、企业家群，进而产生规模集聚效应，促进了以装备制造、信息通信、软件开发等为代表的高技术产业集群的快速发展。科技园模式是产业技术创新联盟的高级形式，需要有实力和运作能力的企业或者科研院所牵头，并得到地方政府的政策扶持。如南京大学一鼓楼高校国家大学科技园，是 2001 年 5 月由国家科技部、教育部认定的中国首批国家级大学科技园，科技园由南京市鼓楼区政府与南京大学、河海大学、中国药科大学、南京师范大学、南京工业大学、南京邮电大学、南京医科大学等九所高校共同创建，集研发、孵化、技术贸易和科研成果转化于一体。科技园以建设国际一流科技园为目标，借助“九校一府”的组织模式和“政产学研金”相结合的创新体系，相继引进了朗讯科技、艾默生电气、阿尔卡特等世界五百强企业研发中心，有效链接起政府、高校、科研机构、企业、市场等互补性资源，集聚形成通信研发、软件开发、电力自动化、生物医药、化工新材料等多个特色产业集群。

（四）企业自建研究院模式

这种模式主要根据企业科技创新和长期发展总体定位和目标要求，在该企业内部建立附属研究院，负责核心技术和关键技术的基础研究和技术创新。同时以合同契约的形式加强与高校、科研机构的合作，联合开展科技攻关和人才培养，研究开发具有自主知识产权的高科技产品。企业附属研究院是产学研合作的一种特殊形式，其优势是能够让企业进行有针对性的技术开发，以掌握核心科技，使研发的产品更贴近市场需求，从而增强企业的市场竞争力。如2008年由江苏省和徐工集团共同投资成立的江苏徐州工程机械研究院，下设技术研究中心、产品研发中心、实验中心、工程技术中心、工业设计中心、研发管理中心等六大中心，是徐工集团的核心研发机构。研究院通过与美国麻省理工学院、德国亚琛工业大学IFAS学院、英国南安普顿大学，以及国内清华大学、吉林大学、西安交通大学、中国航空航天大学等三十所国内外知名高校、科研院所进行产学研合作，重点开展核心技术研究、实验技术研究、新产品及核心零部件试制、全新门类产品的研发等产业科技创新工作，攻克了一批关键技术、核心技术，拥有了自主知识产权的产品和核心零部件，在增强企业核心竞争力的同时也促进了徐州工程机械产业集群的规模化、创新化发展。

三、产学研合作效率评价

江苏作为我国制造业大省之一，装备制造业集群发展的特征鲜明，高校和科研机构数量众多，具有开展产学研合作的良好基础和比较优势。为此，本部分尝试对江苏装备制造业产学研合作效率进行定量评价和横向比较。

（一）评价模型

产学研合作创新是一种典型的多投入、多产出的科技创新活动，数据包络分析（DEA）方法为产学研合作创新效率评价提供了良好的方法支撑。目前应用最广泛的DEA模型包括固定规模报酬的CCR模型和可变规模报酬的BCC模型。考虑到产学研合作具有一定的规模收益递增或递减特征，本部分选择基于产出导向的经典BCC模型，对江苏装备制造业产学研合作效率进行测度和评价。其基本思路为：设有 n 个决策单元 $DMU_{\mathrm{i}}(j=1,2,\cdots,n)$，$DMU_{\mathrm{i}}$ 的输入、输出向量分别为

$$X_j=(x_{1\mathrm{j}},x_{2j},\cdots,x_{mj})^T>0,\ \mathrm{j}=1,2,\cdots,n$$

$$Y_j=(y_{1\mathrm{j}},y_{2j},\cdots,y_{sj})^T>0,\ \mathrm{j}=1,2,\cdots,n$$

上式中，m 为输入指标的个数，s 为输出指标的个数。由此构建BCC模型线性约束方程组的具体表达形式为

$$\min_{\lambda,\theta}\theta$$

$$s.t.\sum_{j=1}^{n}x_j\lambda_j\leqslant\theta x_0$$

$$\sum_{j=1}^{n}y_j\lambda_j\geqslant\mathrm{y}_0$$

$$\sum_{j=1}^{n}\lambda_j=1,(\lambda_j\geqslant0,j=1,2,\cdots,n)$$

其中，x_0、y_0 为决策单元 DMU_0 投入、产出向量，λ 为 n 个决策单元的组合比例，p 决策单元投入相对于产出的效率值。鉴于传统DEA模型对决策单元的效率评价值介于0—1而缺乏区分度，笔者进一步采用第三章的超效率DEA模型作进一步区分，以比较江苏装备制造业产学研合作效率与我国其他地区的差异。

（二）指标选择及数据来源

指标选择是评价江苏装备制造业产学研合作效率的关键，能够收集到反映产学研合作的原始数据当然最好，但现有统计资料中并没有明确的产学研合作数据，企业基于商业机密的考虑也大多不愿提供相关资料及数据。为此，本书从现有统计资料出发，选择了能够基本反映产学研合作创新效率的投入、产出指标，以对江苏装备制造业产学研合作效率进行相对科学的测度和评价。投入指标主要包括人才和资金等方面的要素投入，具体选择 R&D 人员全时当量、R&D 经费内部支出和 R&D 经费外部支出三个指标来衡量协同创新投入。产出指标需满足企业、高校和科研机构、政府等合作主体的需求。企业主要追求经济效益的产出，可用发明专利申请量和新产品销售收入衡量其创新能力与创新成果转化能力。高校和科研机构主要追求科技成果产出，可用发明专利申请量衡量其知识理论和技术创新成果。政府追求产业发展对地区生产总值的贡献，可用装备制造业总产值衡量产业发展的贡献程度。具体指标（见表 5-4）。

表 5-4　装备制造业产学研合作创新投入产出指标

投入指标	指标含义	产出指标	指标含义
R&D 人员全时当量	研发人力资源投入	企业发明专利申请量	企业科技创新能力
R&D 经费内部支出中政府支出额	政府研发资金投入	企业新产品销售收入	企业创新成果转化
R&D 经费内部支出中企业支出额	企业研发资金投入	高校和科研机构发明专利申请量	高校和科研机构创新能力
R&D 经费外部支出中对高校支出额	企业对高校研发资金投入	装备制造业总产值	政府支持产学研合作收益
R&D 经费外部支出中对研究机构支出额	企业对研究机构研发资金投入		

数据全部来源于《2016 中国工业统计年鉴》《2016 中国科技统计年鉴》《2016 江苏统计年鉴》，共收集整理 2015 年我国 31 个省（自治区、直辖市）

规模以上工业行业相关指标数据。由于上述统计年鉴涉及的地区数据只按规模以上工业统计，并没有细分到装备制造业。为相对准确起见，笔者按照全国规模以上装备制造业相应指标占工业比重换算为各地区规模以上装备制造业相应指标数据。

（三）评价结果

根据上述评价模型，分别运用 DEAP 2.1 和 DEA-Solver5.0 统计分析软件进行运算，得到我国各地区装备制造业产学研合作效率值，结果（见表 5-5）。可以看出，全国有广东、北京、上海、重庆、江苏、山东、青海、安徽、浙江等 17 个省（自治区、直辖市）装备制造业产学研合作的综合效率、纯技术效率、规模效率均等于 1，这说明这些地区装备制造业产学研合作属 DEA 有效状态，投入与产出基本匹配，处于规模报酬不变状态。而辽宁、四川、陕西、海南、湖南、湖北、云南、天津、河北等 14 个省（自治区、直辖市）装备制造业产学研合作的综合效率、规模效率均小于1，这说明这些地区产学研合作属 DEA 低效状态，即在现有投入下产出不足，或是在现有产出下投入冗余，基本呈规模报酬递减状态，需要进一步提升产学研合作管理水平，优化产学研合作投资结构及资源配置，提高产学研合作投入产出效率。

表 5-5　2015 年我国各地区装备制造业产学研合作创新效率

地区	综合效率	纯技术效率	规模效率	规模报酬	超效率值
广东	1.0000	1.0000	1.0000	—	1.5069
北京	1.0000	1.0000	1.0000	—	1.3570
上海	1.0000	1.0000	1.0000	—	1.2890
重庆	1.0000	1.0000	1.0000	—	1 1906
江苏	1.0000	1.0000	1.0000	—	1.1583
山东	1 0000	1.0000	1.0000	—	1.1397
青海	1.0000	1.0000	1.0000	—	1 1253
安徽	1.0000	1.0000	1.0000	—	1.1100

续表

地区	综合效率	纯技术效率	规模效率	规模报酬	超效率值
浙江	1.0000	1.0000	1.0000	—	1.1054
河南	1.0000	1.0000	1 0000	—	1.1014
黑龙江	1.0000	1.0000	1.0000	—	1.0853
福建	1.0000	1.0000	1.0000	—	1.0752
广西	1.0000	1.0000	1.0000	—	1.0412
新疆	1.0000	1 0000	1.0000	—	1.0186
贵州	1.0000	1.0000	1.0000	—	1 0071
吉林	1.0000	1.0000	1.0000	—	1.0029
江西	1.0000	1.0000	1.0000	—	1.0023
辽宁	0.9330	1.0000	0.9330	drs	0.8458
四川	0.8570	1.0000	0.8570	drs	0.7424
陕西	0.9900	1.0000	0.9900	drs	0.6382
海南	0.8170	0.9630	0.8480	irs	0.5948
湖南	0.9310	1.0000	0.9310	drs	0.5940
湖北	0.7120	1.0000	0.7120	drs	0.5625
云南	0.6960	0.7080	0.9830	drs	0.5392
天津	0.8600	0．9020	0．9520	drs	0.4866
河北	0.8410	0.8700	0.9670	drs	0.4409
西藏	0.7770	1.0000	0.7770	drs	0.4387
山西	0.5900	0.6630	0.8890	drs	0.4332
宁夏	0.9390	0.9400	0.9990	drs	0.3938
甘肃	0.5480	0.7570	0.7240	drs	0.3676
内蒙古	0.8470	0.8570	0.9890	drs	0.1495

注：irs 代表规模报酬递增，drs 代表规模报酬递减，—代表规模报酬不变。

从更具区分度的产学研合作超效率值看，各省份之间差异明显。排名前五的依次是广东、北京、上海、重庆、江苏，排名最后五位的依次是西藏、山西、宁夏、甘肃、内蒙古，可见东部地区产学研合作效率总体上要高于中西部地区，这与东部地区的装备制造业产业基础、高校和科研机构数量规模、经济和科技综合实力等现状基本吻合。但也要看到，西部地区的重庆、青海、广西、新疆、贵州等省份产学研合作效率也较高，与东部和中部省市形成鲜明对比。江苏产学研合作效率总体较高，但与广东、北京、上海、重庆等省市相比仍存在一定的差距。从产出导向的 BCC 模型含义看，可能反映出江苏装备制造业产学研合作的产出水平有待进一步提高，如企业和高校、科研机构发明专利数量，装备制造业高新技术产品产值等。

四、产学研合作的优化提升

江苏经济总量仅次于山东居全国第二，高校和科研机构实力雄厚，以装备制造业为代表的产学研合作成效显著，但仍然存在一些瓶颈制约：一是合作观念仍存在差异。江苏产业基础雄厚，高校和科研机构创新实力较强，各方具有合作创新的观念和积极性。但企业与高校属于不同类型的组织，因而在任务和目标上有着较大的差异。企业主要瞄准有市场需求的项目进行开发，有着明确的成果转化要求。高校和科研机构则更多地存在成果数量、学术和职称偏好，可能导致合作成果难以产业化而束之高阁。二是法律制度的缺失。目前我国还没有规范和保障产学研合作的权威性法律法规，现有的主要是一些地方性行政法规，缺乏立法层面对产学研合作的制度保障和权利义务约束，如知识产权的保护、产学研各方的利益分配等，往往使得合作虎头蛇尾，难以持续深入。三是资金投入不足和追求投资规模的双重困境。部分产学研合作项目在初期资金投入后缺乏持续投入而使合作流于形式，这是目前产学研合作中比较多见的现象。但同时也存在部分合作陷入投入越多、产出效率越高的误区。过于追求增加合作资金的投入和科研设施建设，忽视产学研投入结构以及科技资源的优化配置，往往导致产学研合作效率偏低。四是利益分配不合理。表现为合作初期各方都很积极，但由于产学研各方对技术价值评价的标准不一致，随着看得见的利益越来越大时，往往由于利益分配问题影响协议的履行和今后的长期合作。五是信息不对称影响信任度。由于产学研各方在技术能力、经营能力、成果价值评估等方面的信息分布不对称、信息交流不完全，在利益或前景迅速放大时不想共赢而想独赢的心态，是产学研合作中信用缺失的常见现象。

突破产学研合作障碍需要以系统性思维综合发力：一是早日把产学研合作纳入立法轨道，通过法律法规明确各方的权利、义务，完善合作的风险共担和利益共享机制，引导和规范产学研合作行为。二是加强政府引导和政策支持力度，通过政策激励、体制约束、组织管理、政府调节等共同作用进而形成合力，支持开展多层次多形式的产学研合作。三是建立产学研公共信息平台。以政府为主导，科学分析江苏经济社会发展愿景和省内外企业、高校及科研机构的短期与长期需求，积极搭建符合产学研合作需求的公共信息平台，为产学研合作提供信息支撑。四是灵活选择合作模式。以企业需求和务实高效为主导，根据产学研各方资源优势、基础条件和时效性要求，灵活选择项目纽带合作、联合技术中心、科技园区、企业附属研究院等不同合作模式。五是建立多元化的产学研合作创新投资机制。加大政府投资扶持力度，引导企业持续投资，引入风险资金和社会资本，为产学研合作提供资金保障。

必须看到，高等学校和科研院所在先进知识技术创造、高端研发人才培育、研发平台服务等方面具有独特优势，是所在区域知识和技术最重要的创造机构之一，这在江苏表现尤为明显。因此，应突出装备制造企业在产学研协同创新中的主体地位，强化市场机制的决定作用和政府的引导作用，通过契约关系建立共同投入、联合开发、利益共享、风险共担机制，以装备制造业技术创新需求为基础，构建协作创新技术平台，凝聚和培育创新人才，聚力突破产业发展的核心关键技术，切实提高产学研合作投入产出效率。

第三节　集群发展与创新的组织机制

装备制造业集群式创新与组织模式的选择是一个互动的发展过程。必须根据集群发展特征选择合适的组织运行机制，创新集群内企业组织模式及管理机制，以实现知识技术的跨企业流动，促进产业集群创新发展。根据集群发育程度及类型，可重点构建三种机制推动装备制造业集群式创新发展，即成熟型集群的龙头企业引领创新模式，成长型集群的中小企业协同创新模式，信息化时代的网络化创新模式。

一、成熟型集群的龙头企业引领创新模式

这种模式主要适用于发育较为成熟的装备制造业集群，其特征是利用龙头企业的综合技术实力，发挥龙头企业的引擎示范作用，引领带动众多中小企业协同创新，形成以龙头企业为核心、中小企业协作的创新网络。在这种模式中，由于装备制造业对企业资产规模及技术创新能力的要求较高，往往导致集群内中小企业的创新能力不足，需要通过大型龙头企业对集群外部知识技术的学习引进和内部知识技术的学习整合，构建以龙头企业为核心、骨干企业为支撑、中小企业为节点的知识技术学习网络，推动装备制造业集群内企业的合作创新和整体发展。国内外产业集群的发展历程表明，在龙头企业开发应用高新技术及其新产品的过程中，需要观念创新、制度创新、技术创新、管理创新、设施完备等多种因素共同发挥作用。龙头企业的经营规模和技术经济综合实力使其有相对更强的能力吸收消化从集群外部获取的知识，并在集群内部企业合作创新网络间形成完全的外溢效应，而集群内企业的上下游分工协作，使企业间通过各种形式有序地结成无形的经济和社会网络，从而提高集群的整体创新能力（如图 5-5）。因此，对成熟型装备制造业集群而言，构建以龙头企业为核心的学习创新

网络是带动中小企业集群发展的趋势所在。

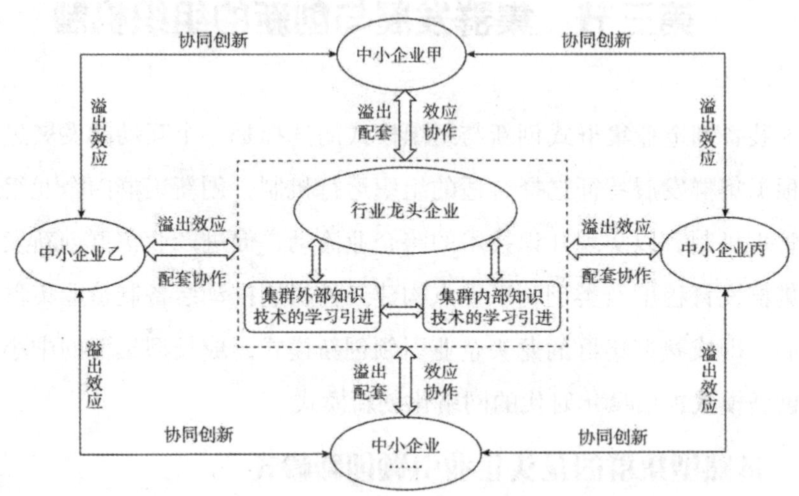

图 5-5 成熟型集群的龙头企业引领创新模式

龙头企业引领创新是全球多数产业集群成功的模式和特征，典型的如美国底特律汽车产业集群、日本丰田汽车产业集群、德国斯图加特汽车产业集群等。美国底特律汽车产业集群号称“世界汽车之都”，拥有通用、福特、克莱斯勒三大龙头企业，参与协作配套的中小企业多达几百家。在三大龙头企业带动下，底特律汽车产业集群加大产业科技集群式协同创新力度，并采用全球著名的汽车装配流水线生产方式，实现了美国汽车的大规模生产和产业集群规模的不断壮大，确立了全球第一个汽车产业集群的领先地位，底特律也一跃成为美国第五大城市，足见汽车产业集群对美国城市发展的重要推动作用。日本丰田汽车产业集群是在借鉴美国底特律汽车产业集群发展经验的基础上，结合日本市场特色，以丰田汽车公司为龙头，采用精益生产方式进行规模化生产形成的产业集群。精益生产方式的核心是 Just In Time（JIT，准时制）和汽车的模块化生产，丰田汽车公司作为核心企业掌握着行业核心技术，大量中小企业聚集在丰田汽车这一核心企业周围并为其服务，通过与丰田公司配套协作的汽车零部件生产企业和整车生产企业的高度紧密联系，把集群内企业的科技创新、规模经营等内部活动和外部的市场需求和谐地统一于企业与集群的发展目标中，实现集群内企业效益、品质和生产柔性的最大化。在丰田汽车公司的引领和精益生产方式的推动下，丰田汽车产业集群得以迅猛发展，协作配套企业多达1200多家，使日本在1980年以1104万辆的产量超越美国成为全球最大的汽车生产国。德国斯图加特都市区汽车产业带是全球规模最大的汽车产业集群之一，拥有奔驰、保时捷、奥迪、尼奥普兰、艾瓦客车等汽车龙头企业。围绕龙头企业的生产配套和分工协作带动了博世、采埃孚集团等众多汽车零配件生产企业的快速发展。在奔驰、保时捷、奥迪、尼奥普兰、艾瓦客车等龙头企业的引领带动下，斯图加特地区聚集了2000多家参与配套协作的汽车生产企业以及与汽车产业密切相关的研发创新机构，汽车产业从业人数占全德国的近1/7，极大地推动了德国汽车产业的集群式创新发展和地区经济社会发展，斯图加特城市综合排名也进入德国前列。在斯图加特汽车产业带发展过程中，其区域协同创新、产业链协调发展等方面的做法和经验对我国产业集群建设具有一定的借鉴意义。

上述美国、日本、德国汽车产业集群的案例分析表明，龙头企业引领创新的成熟型装备制造业产业集群的共同特征表现为：一是龙头企业大都具有世界领先的核心技术和持续创新能力，通过掌控全球装备制造业行业先进知识技术、全球价值链治理、品牌营销控制等多种方式来强化其在集群中的核心地位；二是龙头企业通过技术经济关联和产业链协作配套，带动集群内中小企业快速发展，产业规模在行业内占有较大比重；三是集群内中小企业分工协作科学精细，生产的配套产品不仅性能优异，由集群规模效应带来的生产成本也低于集群外其他企业。因此，对江苏装备制造业成熟型产业集群而言，加快培育具有行业引领带动能力的大型龙头企业，着力提升其科技创新能力，进而通过配套协作带动集群内中小企业发展，通过知识外溢和学习网络增强中小企业科技实力，是江苏装备制造业集群式创新发展的重要路径之一。

二、成长型集群的中小企业协同创新模式

这种模式主要适用于处于陕西发育成长阶段的装备制造业集群，其特征是把龙头企业欠缺、规模实力差异不大的集群内中小企业进行科学组织，推动其通过协作形成差异化知识技术，进而利用标准化市场交易促进企业之间的技术合作和转移。基于装备制造业技术、规模的行业特质，集群内中小企业通常市场规模小，资金较为短缺，科技创新实力较弱。产业集聚的优势成为规模实力相对弱小的中小企业突破自身资源和能力限制的有效组织形式，并为中小企业协同创新提供了资源平台和保障。由于集群内中小企业数量占绝大部分，各企业高度的专业化、差异化分工协作以及集聚产生的规模效应，加上高校及科研院所的智力支撑，能有效地降低生产成本和市场交易成本，增强装备制造业集群竞争优势（如图 5-6）。

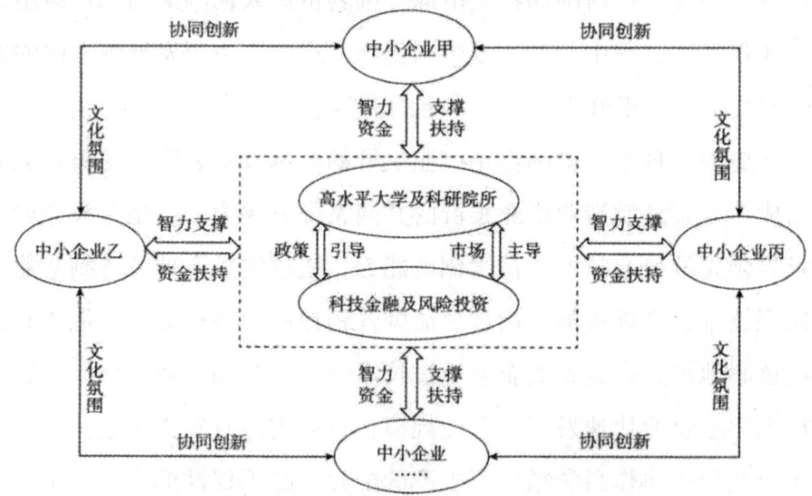

图 5-6　成长型集群的中小企业协同创新模式

中小企业协同创新是全球许多知名产业集群成功的模式和特征，典型的如美国硅谷、北京中关村等。硅谷地区电子信息产业集群是美国电子和

计算机工业中心，聚集了近 1500 家电子信息类中小企业，所生产的半导体集成电路和电子计算机约占美国的 1 / 3 和 1 / 6，是全球最具创新能力的高新技术产业集群之一，引领着世界科技革命和技术创新潮流，被 WIRED 评为全球最具影响力的高科技园区。集群内各企业之间既竞争又合作，并通过与高校、科研院所及集群外其他企业的科技合作，构成了高度互动的网络型产业科技创新体系和企业组织结构，极大地增强了硅谷电子信息产业集群的协同创新能力。这其中，首先，斯坦福大学对硅谷电子信息产业集群的发展起到了重要的智力支撑作用，集群内 70%左右的企业都是斯坦福大学的教师和学生创办的，这使得企业与大学、科研院所相互融合，科研成果能快速地转化为现实生产力。其次，风险投资对硅谷电子信息产业集群发挥了重要的资金支持作用。由于规模实力偏弱，中小企业在发育成长初期大都面临资金短缺的制约，但美国有 50%的风险投资基金设在硅谷，为硅谷电子信息产业集群内企业的发展提供了强劲的资金支持。据统计，集群内中小企业获得的风险投资额由 1977 年的 5.24 亿美元猛增到 2000 年的 160 亿美元，使硅谷的中小企业得到了持续快速发展。最后，硅谷文化对电子信息产业集群发挥了重要的人文催化作用。硅谷内的企业家、工程师等来自世界各地，大家平等相待、团结合作，形成了崇尚竞争、勇于创业、谋求合作、积极交流、宽容失败的特有的硅谷文化氛围。集群内中小企业企业间竞争激烈，但在严密公正的竞争规则下也不断向竞争对手学习交流，互通有无，协同创新，共同进步。而这种宽松的硅谷文化，又进一步吸引着越来越多的高素质人才集聚到硅谷，充分发挥着创造力，成为硅谷信息产业集群式创新的重要活力源泉。北京中关村科技园被誉为“中国硅谷”，2009 年经国务院批复成为我国首个国家自主创新示范区。电子信息产业集群是中关村重点打造的优势产业集群，目前已经聚集以联想、百度为代表的高新技术企业近 2 万家，拥有以北京大学、清华大学为代表的高等院校 40 余所，以中国科学院、中国工程院所属院所为代表的科研院所 200

余家，已经形成了电子信息产业集群中小企业协同创新模式。这一模式由科技型中小企业、产学研协作体系、政府、科技金融体系、科技服务中介等多元化主体在市场主导下，通过市场、资金、技术、人才、政策等相互联通的资源传递链条，形成了稳定的相互学习、知识共享和协同创新网络，通过技术合作和优势互补促进中小企业技术创新和错位发展，全方位、多层次推进中关村电子信息产业的集群式创新发展。

上述美国硅谷、北京中关村电子信息产业集群的案例分析表明，中小企业协同创新形成的成长型装备制造业产业集群的共同特征表现为：一是发挥高水平大学及科研院所的智力支撑作用，为装备制造业集群内中小企业的科技创新提供直接或间接的智力支持；二是发挥市场在科技合作创新中的主导作用，打通市场、资金、技术、人才、政策等资源间的流通障碍，促进装备制造业集群内中小企业之间的技术合作和转移：三是发挥科技金融的资金扶持作用，提供引入风险投资、完善财政金融政策等多种方式，有效化解中小企业的融资困境；四是发挥集群式创新文化的催化作用，营造集群内鼓励创业创新、包容试错纠偏、崇尚合作竞争、支持互补共享的文化氛围。近年来，江苏装备制造业集群得到快速发展，但多数仍属成长型集群，借鉴国内外产业集群发展经验推动数量众多的中小企业协同创新发展，是江苏成长型装备制造业集群式创新发展的科学选择。

三、信息化时代的网络化创新模式

人类社会正由工业时代向信息时代快速迈进。信息化是当今时代发展的大趋势，是信息产生价值的新时代，是先进生产力的重要内容和表现之一。信息化为装备制造业的集群式创新提供了新的思路和方式，无论是成长型、成熟型集群，均可利用信息化时代互联网跨域联通功能集聚全球创新资源，构建跨区域网络化协作创新模式（也有人称开放式创新，但与信息时代向呼应，笔者更愿意称之为网络化创新）。在新兴网络环境下，全球创新资源呈分散化、碎片化趋势，利用互联网、物联网、云计算、大数据等新一代信息技术整合集群内外乃至全球创新资源，有利于重塑装备制造业产品的用户需求、研发设计、生产制造、质量管理、品牌营销、物流运输等全过程，推动集群内企业与集群外企业、高校、科研院所等构建灵活高效的技术、信息、市场、社会资源及价值关联体，形成新的网络化协同创新体系（如图 5-7）。其实质是把集群内部与外部资源、实体空间与虚拟空间资源等进行有机整合，推动装备制造业产业集群的网络化协同创新发展。网络化协同创新具有地理分散、全方位协同、市场响应便捷、突破核心关键技术、知识产权保护风险等诸多不同特征，可以看作装备制造业集群对信息化时代的积极响应（见表 5-6）。

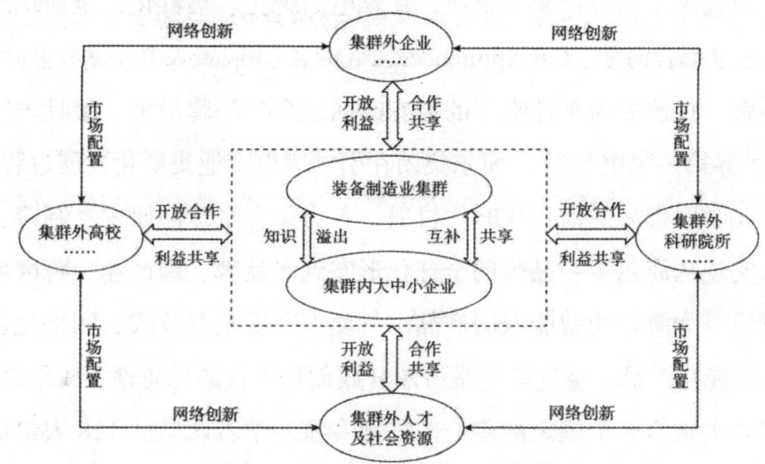

图 5-7 信息化时代的网络化创新模式

表 5-6 集群化、网络化协同创新的特征对比

类型	集群化协同	网络化协同
地理特征	地理位置相对集中，集群内资金、技术、人才、信息协同，长期性协同	地理位置相对分散（国内、国外乃至全球），集群内外资金、技术、人才、信息等要素的全方位协同，短期性协同为主、长期性协同为辅
组织形式	协同主体间基于地理临近和分工协作的自发行为	企业需求、信息搜寻、市场机遇等因素综合驱动形成

续表

类型	集群化协同	网络化协同
稳定性	随集群演化的长期过程，相对稳定	随企业需求和市场机遇动态变化的短期过程，但也存在长期性协同的可能
比较优势	规模效应，成本较低，地域性利于保护知识产权	核心关键技术的合作共享，受外部政策影响较小
比较劣势	受外部政策影响大	交易成本较高，地域分散和信息化不利于保护知识产权

网络化协同创新是全球知名企业引领产业集群式创新发展的重要模式和特征，典型的如山东海尔集团。经济全球化背景下，产业集群已经成为参与全球竞争的主导力量，并在推动产业升级的过程中起到关键作用。海尔集团作为我国家电行业领军企业，在家电品牌化、集群化、全球化战略推动下，通过整合海尔、GE Appliances、AQU A、Fisher & Paykel、卡萨帝、统帅等品牌，打造成为全球唯一的拥有产品最全、品牌最多、最具国际化特质的“世界第一家电集群”。海尔集团在引领家电产业集群化发展过程中，善于抓住互联网带来的信息化时代机遇，着力整合全球的研发、制造、营销资源，实现从海尔单一品牌的全球化形态到多品牌、跨产业、跨区域的全球化升级。如海尔的智能家居产品空气魔方，就是开放式、网络化创新的代表性智能化产品。空气魔方是海尔开放创新平台的标志性：成果之一，该创新平台由来自 8 个国家的集群内外部专家和学者团队共 128 人组成，团队历时 6 个月与全球超过 98.0 万不同类型用户交互意见，利用大数据分析最终筛出 81 万粉丝最关注的 122 个具体的产品痛点需求，通过聚力创新研发出空气魔方的核心功能。在信息化时代，海尔的核心理念是“世界是我们的研发中心”，研发的过程要让全球创新者和用户共同参与进来，寻求基于大数据的技术创新供给侧、需求侧最佳结合点，打造最具创新力和用户满意度的家电产品。基于此，海尔开放创新平台于 2013 年 10 月正式上线，2014 年 6 月进行了改版升级，新增的海尔生活创意社区也将成为用户

全流程参与研发设计的线上互动平台。

海尔家电产业集群的案例分析表明，装备制造业网络化创新的特征主要表现为：一是遵循开放、合作、创新、分享的理念，利用信息化网络整合全球一流科技资源、人才智慧及优秀创意，与全球企业、研发机构和个人合作，为集群创新提供前沿科技资讯以及超值的创新解决方案；二是充分发挥市场配置资源的作用，最大限度调动和激发集群内外乃至全球科技人才和社会资源的创新活力；三是努力最终实现网络化创新各相关主体的利益最大化，促进装备制造业集群式创新资源提供方及技术需求方的互利共享。

装备制造业集群式创新组织机制的研究表明，科学把握不同组织机制的模式特征，准确把握江苏装备制造业集群在不同地区和行业的发育状况，合理选择集群式创新的不同组织机制，是推动江苏装备制造业集群式创新发展的重要路径。

第四节　集群发展与创新利益的共享机制

创新利益的共享机制是导致集群创新行为成败的重要因素之一。由于技术创新本身的风险性，集群内创新网络具有制度性和非制度性共存特征，特别是非正式制度性特征较为突出。因此，集群创新利益机制的核心是互利共享。这就需要建立与权利和义务、风险和收益相一致的集群式创新利益分配及共享机制，实现企业利益与集群整体利益的激励相容和自我增强。

一、实体性合作创新机构的利益共享

装备制造业集群创新网络中的主体是各种项目合作研发组织、技术研究中心、重点实验室、产学研合作平台等具有制度性特征的实体性机构。其利益共享的基本条件就是要促进集群内企业、高校和科研机构等个体利

益与集群共同利益的均衡、和谐、有序，将分化的个体利益朝着与集群共同利益一致的方向进行整合，放大“1+1>2”的整体收益。一是按照各参与主体对集群式创新的贡献和资源投入状况制定利益分配标准。尽管企业、高校和科研机构等各主体在产业科技合作创新中所发挥的作用不同，但都为装备制造业的集群式创新发展做出了自己的贡献，应该从创新发展收益中取得合理回报。从这个层面来说，可以根据企业、高校和科研机构对装备制造业集群式创新发展的贡献大小以及投入成本的多少来划分经济收益。二是按照各参与主体在研发设计、试验发展和成果转化过程中所承担的风险大小来分配经济收益。在装备制造业技术创新和产品开发过程中，集群内企业、高校和科研机构等主体都承担着各种各样的风险，如技术创新失败、消费者对新技术的认同度不高、生产力转化困难等。要建立风险评估机制，准确分析和判断各参与主体所承担的风险程度。按照收益与风险对等原则，承担的风险越大，获得的收益也就越多，风险越小则收益相应减少。三是制定相关的法律法规，为构建合理的集群式创新利益分配机制提供法律支持。创新收益的蛋糕大小是一定的，各参与主体自身利益最大化考虑可能损害到其他利益主体的利益，特别是在涉及对无形的利益分配时更是如此。这就要求政府完善集群式创新利益分配的相关政策及法律法规，保障各方的合理收益。

利益共享、风险共担是全球飞机制造业集群合作与创新的主要模式。采用这种模式的主要原因是飞机制造是一个投入巨大、生产周期长、资金密集、技术密集、风险性高的集群式创新项目，这种集群既包括实体空间的区域集聚，也包括虚拟空间的网络集聚（也称全球价值链治理）。其特征是将全球分散的设计和制造商团队整合成一个高度复杂和组织严密的系统，波音、空客等国际知名飞机制造商都采用这种模式。如波音制造的“梦幻787”飞机就采用利益共享、风险共担的全球合作创新模式，有来自6个国家的100多家企业或供应商参与项目投资与合作创新，承担一定份额的项目风险和技术风险，并按照一定比例获取利润。

二、网络性合作创新组织的利益共享

装备制造业集群创新网络中的另一类主体是泛在性的集群内企业间知识技术学习、交流、习俗、约定等具有非制度性特征的网络性组织，如企业员工间的面对面或网络化交流、松散性创新协会、学习交流组织等。这一类组织一般不具有正式的制度性创新合作组织和实体机构，甚至难以用货币化的收益来衡量和分配合作创新收益，其非制度性合作所获取的主要是企业声誉、信用、品牌、形象、地位等无形收益，以及专利权、专有技术、土地使用权、商标权等无形资产收益。以单纯的集群企业间知识外溢不同，网络性合作创新组织的利益共享更多的是一种知识、技术、人才等创新资源和信息的共享，各企业根据资源、信息的价值并结合自身需求进行市场化交易，提供产业科技创新创意的个人或组织从需求企业方获得相应收益。从目前看，网络性合作创新组织并不是装备制造业集群式创新的主要来源，但对装备制造业产业科技创新的作用也不能忽视。可以考虑建立集群内企业间合作创新资源信息交流平台，通过信息化渠道积极引入集群外部科技创新资源，加强政府政策和行业协会的引导、规范，鼓励集群内企业、员工、组织等通过平台充分交流学习产业科技创新相关知识技术，促进创新资源在集群内外的开放共享、多向流动、合作使用，为装备制造业的集群式创新营造优质土壤和良好氛围。

第六章　装备制造业集群式创新的区域联动机制构建

第一节　产业联动机制构建

区域产业联动是指顺应市场经济改革、产业结构转换、产业分工合作、区域经济发展等内在规律，努力破除产业、区域、要素资源等关联互动的障碍，通过开展高效的区域产业转移与对接，促进产业链、价值链、创新链不断拓展延伸，实现区域间产业的优势互补和联动发展，寻求在一定时间、空间和有限的资源供给范围内，各区域产业结构优化升级的最优效率。区域产业联动与产业转移密不可分。区域产业转移是指资源供给或产品需求条件发生变化后，某些产业从一个区域转移到另一个区域的经济活动过程。区域产业联动的实质就是区域之间适时的资金、技术、劳动力、管理经验等要素的合理流动和优化配置，其核心是产业转移。

江苏长期存在苏北、苏中、苏南的区域发展差异，其重要表现之一就是装备制造业发展的区域差异。因此，需要通过苏北、苏中、苏南的区域联动促进装备装备制造业的集群式创新与区域联动制造业的地域集聚和创新发展。但受行政壁垒、地方保护主义、运输成本增加等因素的制约，区域产业联动尤其需要加强政府合作，通过制定产业政策和区域政策等加以支持。从江苏装备制造业的区域联动看，当前主要是在省级政府协调下采用南北挂钩和“1+3”功能区等多种政府合作形式予以扶持，充分发挥不同区域的比较优势，促进三大区域和“1+3”功能区装备制造业的区域联动和集群式创新发展。

按照江苏传统区域划分方法，苏北包括徐州、连云港、淮安、盐城和宿迁五市，苏中包括扬州、南通、泰州三市，苏南包括南京、苏州、无锡、常州、镇江五市。本书在分析苏北、苏中、苏南三大区域装备制造业发展比较优势基础上，着力分析三大区域装备制造业联动发展潜力，为苏北、苏中、苏南通过区域联动促进装备制造业的集群式创新发展提供思路。

一、三大区域装备制造业发展的比较优势

（一）研究方法及数据来源

苏北与苏中、苏南在区位、交通、资源等方面存在的客观差异，必然要求三大区域根据各地的资源禀赋，按照比较优势原则来选择撬动区域经济快速发展的产业和行业。为此，下面利用区位商和比较劳动生产率两大指标，对苏北与苏中、苏南三大区域装备制造业发展的比较优势作一简要分析，以明晰各区域装备制造业发展的相对优势所在。区位商的计算公式为

$$Q_{ij}=(a_{ij}/a_j)/(b_i/b)$$

其中，Q_{ij} 即 j 区域 i 产业的区位商，a_{ij} 、a_j 分别为 j 区域 i 产业的产值和 j 区域工业总产值，b_i 、b 分别为全省 i 产业产值和全省工业总产值。一般而言，区位商大于 1 的产业为区域专业化部门。

比较劳动生产率的计算公式为

$$C_i=(Y_i/Y)/(L_i/L)$$

其中，C_i 为某区域产业 i 的比较劳动生产率，Y_i/Y 为第 i 产业产值占区域总产值的份额，L_i/L 为第 i 产业就业人数占区域总就业人数的份额。若 $C_i>1$，说明该产业劳动生产率高于区域全部产业劳动生产率的平均值，该产业为具有比较优势的产业部门，且 C_i 越大，该产业比较优势越大；若 $C_i<1$，则说明该产业不具有比较优势，且 C_i 越小，该产业劣势地位越明显。

根据研究的需要和资料可获取性，所采用的数据是2015年苏北与苏中、苏南三大区域装备制造业各行业总产值和从业人数数据，主要用于计算分区域装备制造业各行业的比较劳动生产率和区位商。除特别说明外，所有数据均来源于《江苏统计年鉴（2016）》及江苏省13个地级市2016年统计年鉴中规模以上装备制造业行业数据。

（二）三大区域装备制造业发展比较优势分析

从苏北与苏中、苏南装备制造业各行业区位商计算结果看，苏北区位商大于 1 的行业主要是通用设备制造业和专用设备制造业两个行业，苏中区位商大于1的行业包括金属制品业、通用设备制造业、专用设备制造业、交通运输设备制造业、电器机械及器材制造业、仪器仪表制造业六个行业，苏南区位商大于 1 的行业主要是交通运输设备制造业，电器机械及器材制造业，通信设备、计算机及其他电子设备制造业三个行业（见表 6-1）。从装备制造业行业区位商在三大区域的方差看，通信设备、计算机及其他电子设备制造业，仪器仪表制造业，电气机械及器材制造业，金属制品业四个行业在三大区域间存在较大差异，它们也分别是各区域具有较高区位商的地区专业化行业。此外，从要素密集度看，苏北装备制造业优势行业主要是劳动和资本密集型产业，而苏南主要是资本和知识技术密集型产业，苏中则介于二者之间，从一个侧面反映出三大区域产业经济发展的梯度差异。

表 6-1　2015 年苏北与苏中、苏南装备制造业各行业区位商

行业	苏北	苏中	苏南	区域间方差
金属制品业	0.7191	1.4867	0.9176	0.1587
通用设备制造业	1.0967	1.1321	0.9575	0.0085
专用设备制造业	1.1827	1.3874	0.8822	0.0646
交通运输设备制造业	0.6636	1.2648	1.0405	0.0923
电气机械及器材制造业	0.4997	1.4214	1.0481	0.2149
通信设备、计算机及其他电子设备制造业	0.4023	0.3906	1.5444	0.4393
仪器仪表制造业	0.9537	1.6586	0.7334	0.2336

从苏北与苏中、苏南装备制造业各行业比较劳动生产率计算结果中看，苏北比较劳动生产率大于 1 的主要是仪器仪表制造业、交通运输设备制造业、专用设备制造业、金属制品业等行业，苏中比较劳动生产率大于 1 的主要是电气机械及器材制造业、仪器仪表制造业、专用设备制造业、金属制品业等行业，苏南比较劳动生产率大于 1 的主要是交通运输设备制造业、电气机械及器材制造业等行业（见表 6–2）。从装备制造业行业比较劳动生产率在三大区域的方差看，仪器仪表制造业、交通运输设备制造业、专用设备制造业等行业三大区域间存在较大差异。这反映出苏北、苏中、苏南三大区域装备制造业劳动生产率的相对差异性。

表 6–2　2015 年苏北与苏中、苏南装备制造业各行业比较劳动生产率

行业	苏北	苏中	苏南	区域间方差
金属制品业	1.1101	1.0736	0.7876	0.0312
通用设备制造业	1.0967	0.8938	0.7821	0.0255
专用设备制造业	1.1827	1.1329	0.6929	0.0727
交通运输设备制造业	1.5156	0.8803	1.1308	0.1024
电气机械及器材制造业	1.0735	1.3749	1 1212	0.0262
通信设备、计算机及其他电子设备制造业	0.8014	0.7651	0.8434	0.0015
仪器仪表制造业	1.7712	1.1817	0.8644	0.2117

从区位商和比较劳动生产率两个角度，综合反映苏北与苏中、苏南装备制造业各行业的比较优势分布状况（如图 6–1、图 6–2、图 6–3）。结合苏北与苏中、苏南的劳动力、资本、土地、技术、管理等区域资源及要素禀赋状况，可以大致判断，苏北在通用设备制造业、专用设备制造业，金属制品业等产业上有着相对的比较优势，苏中在仪器仪表制造业、金属制品业、电器机械及器材制造业、专用设备制造业等产业上具有一定的比较优势，而苏南在通信设备、计算机及其他电子设备制造业，电器机械及器材制造业，交通运输设备制造业，通用设备制造业等产业上具有较强优势。

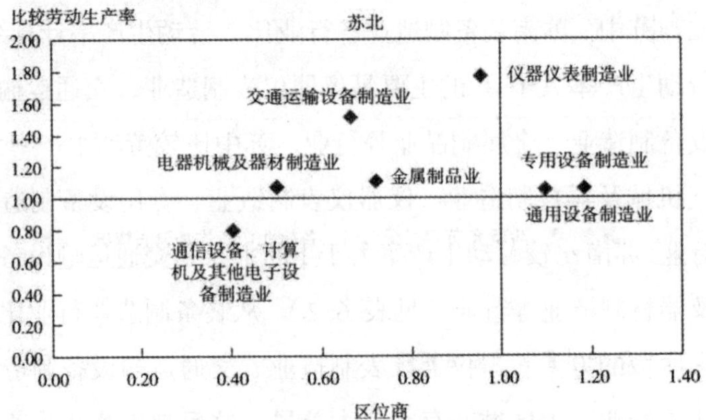

图 6-1　2015 年苏北装备制造业各行业比较优势分布情况

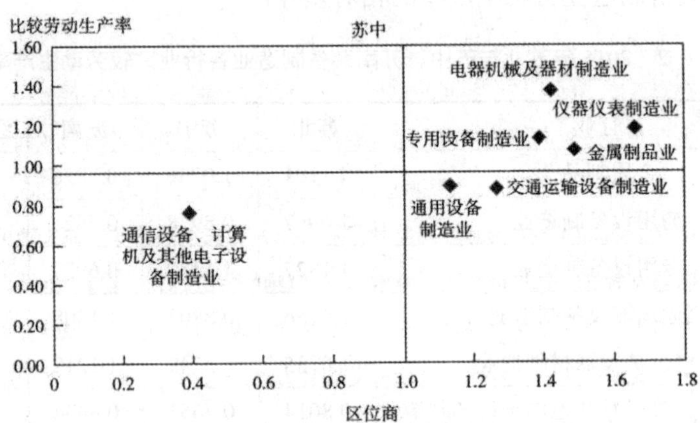

图 6-2　2015 年苏中装备制造业各行业比较优势分布情况

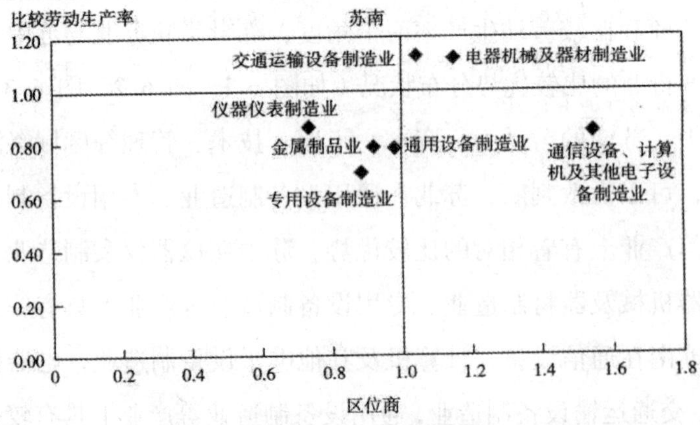

图 6-3　2015 年苏南装备制造业各行业比较优势分布情况

二、三大区域装备制造业联系潜力

（一）研究方法及数据来源

产业联系是产业联动的基础和前提。在开放经济条件下不同区域的产业发展不是相互孤立的，而是存在错综复杂的经济技术联系，进而推动资金、技术、人才等生产要素在不同区域产业间的相互流动和优化配置，各区域依据自身比较优势选择主导产业进行专门化生产，通过专业分工形成产业链，从而形成和促进区域产业联动发展。江苏三大区域产业发展的比较优势分析表明，苏北、苏中、苏南装备制造业具有不同的区域差异和优势行业，为三大区域装备制造业的优势互补、联动发展和集聚集群奠定了基础。从产业联系角度看，区域产业联动的直接驱动力源于其产业结构差异及相应的政策推动，因而可以借助区域产业结构差异来大体测度区域间的产业联系及联动发展潜力。产业结构一般包含产值结构和就业结构，区域产值结构和就业结构基本反映了区域产业基础和高度化水平。为此，本节拟通过下述模型来测度区域间产业联系潜力（又称产业联系度），并以此代表产业联动发展潜力：

$$L_{ij} = l \prod_{i=1}^{2} \exp(\mathrm{abs}(x_i - y_i)) / \sqrt{d_{ij}}$$

式中，L_{ij} 为两个区域 i 、j 间的产业联系度；x_1 、y_1 分别为 i 、j 两个区域某一产业的产值占上级区域（如全国相对于各省份为上级区域）该产业产值的比重；x_2 、y_2 分别为 i 、j 两个区域某一产业的从业人员占上级区域该产业从业人员的比重；d_{ij} 为 i 、j 两个区域之间的距离，近似计算中可取两区域几何中心的距离；λ 为权重参数，考虑到产业联动的核心是产业转移，而产业转移又以发达区域向欠发达区域转移为主，且只有在欠发达区域具备一定的产业基础及相关辅助或支持性产业支撑的条件下，产业转移才能得以实现，故 l 值可取欠发达区域产业产值占上级区域该产业产值的比重为参数。

从数据的可得性和测度方法的可操作性考虑，本节拟从苏北、苏中、苏南三大区域装备制造业的联系潜力来探讨三大区域的产业联动程度，并在实际计算中，采取了以下三点做法：①从区域发展状况比较来看，苏南属发达区域，苏中、苏北均属欠发达区域，故在计算苏北与苏中装备制造业联系潜力时，参数λ可修正为1。②关于三大区域间距离的确定，为简化计算，苏北与苏中的距离可取淮安与泰州的直线距离，苏北与苏南的距离可取淮安与常州的直线距离，苏中与苏南的距离可取泰州与常州的直线距离。③数据全部来源于《江苏统计年鉴2016》及江苏13个地级市2016年统计年鉴中规模以上装备制造业行业数据。

（二）苏北与苏中装备制造业联系潜力

如果说苏北与苏南、苏中与苏南的产业联动是弱强联动，那么苏北与苏中的产业联动则为弱弱联动。尽管目前苏北经济发展水平低于苏中，综合经济实力弱于苏中，但与苏中的差距在缩小，与苏南的差距则在扩大，故苏北与苏中的产业联动仍属弱弱联动。从区位上看，苏中位于苏北与苏南之间，为其联动提供了良好条件。而苏北与苏中的产业联动对于推进苏中的崛起、更好地发挥苏中在缩小江苏南北差距中的传导纽带作用具有十分重要的意义。

利用上述公式测算苏北、苏中、苏南装备制造业联系潜力（简称产业联系度），结果（见表6-3）。可以看出，苏北与苏中具有较强联系度的产业主要是交通运输设备制造业、仪器仪表制造业、电气机械及器材制造业、金属制品业等行业，苏北与苏南具有较强联系度的产业主要是通用设备制造业，专用设备制造业，通信设备、计算机及其他电子设备制造业，仪器仪表制造业等行业，苏中与苏南具有较强联系度的产业主要是电气机械及器材制造业、金属制品业、专用设备制造业、交通运输设备制造业等行业，这为三大区域通过产业联动促进装备制造业的地域集聚集群发展提供了参考方向。从三大区域间装备制造业联系潜力看，苏中与苏南的产业联系潜力明显大于苏北与苏南的产业联系潜力，而苏北与苏南的产业联系潜力总体上略大于苏北与苏中的产业联系潜力，这与三大区域的地理临近性、经济发展水平、产业结构层次等因素具有紧密相关和总体一致性，反映出苏北、苏中、苏南装备制造业发展的梯度差异和联动互补性。

表 6-3　2015 年苏北、苏中、苏南装备制造业联系潜力状况

行业	苏北—苏中产业联系度	苏北—苏南产业联系度	苏中—苏南产业联系度
金属制品业	0.03399	0.04723	O 20010
通用设备制造业	0.02672	0.05658	0.17263
专用设备制造业	0.02916	0.05305	0.19780
交通运输设备制造业	0.03570	0.04664	0.17342
电气机械及器材制造业	0.03531	O 03821	0.21435
通信设备、计算机及其他电子设备制造业	0.02567	0.05161	0.13974
仪器仪表制造业	0.03546	0.05016	0.17133

从三大区域间的产业联系潜力分析中，我们可以得出一些探索性结论：苏中与苏南在电气机械及器材制造业、金属制品业，专用设备制造业，交通运输设备制造业等产业上存在较大合作潜力；苏北与苏南在通用设备制造业，专用设备制造业，通信设备、计算机及其他电子设备制造业，仪器仪表制造业等产业上存在较大合作潜力；而苏北与苏中作为欠发达区域，在交通运输设备制造业、仪器仪表制造业、电气机械及器材制造业、金属制品业等产业上也存在一定的合作潜力。这为三大区域通过产业联动促进装备制造业的集群式创新发展提供了可能的思路和方向，当然这需要充分发挥市场力量的同时，积极借助政府推力，协同推进装备制造业的区域联动和集群发展。

三、三大区域装备制造业联动合作现状

（一）联动合作的主要特征

江苏三大区域的装备制造业合作主要在苏北—苏南、苏中—苏南之间进行，其典型模式是南北共建产业园。在省委省政府的推动下，早在 2001 年江苏就建立了以南京—淮安、镇江—连云港、常州—盐城、无锡—徐州、苏州—宿迁为代表的南北挂钩合作机制。自 2007 年以来，江苏就开始大胆探索南北共建园区的创新实践，鼓励苏南中重大产业转移项目落户苏北和苏中地区。截至 2015 年年底，省政府同意批准在苏北地区设立南北共建园区 38 个，共计成立园区开发平台公司 40 家，注册资本总额合计 46 亿元，其中苏南合作方投入注册资本 28 亿元。南北共建园区是区域经济快速发展的核心区，是产业联动发展的重要载体，是加速产业升级的重要平台，是促进龙头企业形成和产业集聚发展的重要依托。推动产业园区的联动合作发展，加快区域产业结构优化升级，既是科学发展观的重要体现，也是贯彻落实创新、协调、绿色、开放、共享五大发展理念的迫切需要。此外，联动共建园区也包括与省外其他国家和地区的合作，如盐城的中韩汽车产业园等。

在政府引导和市场推动下，南北共建产业园（也包括与省外其他区域等合作共建产业园）加快了苏北、苏中、苏南装备制造业的联动合作和集群发展步伐。以汽车产业为例，南京、盐城、扬州三大乘用车制造基地的快速成长，极大地推动了江苏汽车产业的集群式创新发展。南京作为江苏省会和全球知名城市，高校众多，科技实力雄厚，推动南京汽车集团有限公司重点打造的名爵等品牌的市场竞争力明显提升，产销规模迅速扩大。盐城通过与北京理工大学、东南大学等合作建立“国家电机电控实验室盐城分中心”，推动东风悦达起亚汽车产业集群式创新发展。特别是东风悦达起亚第三工厂投产后，产销规模迅速扩大，基本型乘用车产量进入国内前

十。目前，盐城已形成了乘用车、商用车、专用汽车、新能源汽车等多种类型的整车及零部件配套产业体系，成为江苏省最大的乘用车制造基地、江苏省新能源汽车产业基地、国家级汽车零部件产业基地和江苏省汽车零部件出口基地。扬州的上海大众仪征分公司新桑塔纳全年产量突破 30 万辆，一直稳居国内细分市场前三。加上总投资 120 亿元的北汽集团华东（镇江）基地投产建设，可实现年产 30 万辆中高端乘用车，为镇江打造千亿级汽车产业提供了契机。因此，通过产业链延伸、价值链分工、技术合作、人才交流、信息共享等加快南京、盐城、扬州、镇江四大汽车产业基地的联动合作，对江苏汽车产业的分工合作和集群式创新发展意义重大。江苏省汽车产业“十三五”规划明确提出，要依托各类经济开发区和产业园区，引导上下游关联企业集聚和合作，提高产业规模效应和整体协作能力。重点打造以南京、盐城、扬州、苏州、镇江、常州为重点的乘用车产业集群，以南京、苏州、扬州为重点的客车产业集群，以南京、徐州为重点的载货车产业集群，以徐州、苏州、淮安、盐城、扬州、镇江为重点的专用车产业集群。与苏北、苏南合作不同的是，苏中与苏南合作更强调市场化机制。如南通紧扣“一带一路”倡议、长江经济带发展战略，加大与上海、苏南等地跨江联动合作开发力度，推动了苏通科技产业园、锡通科技产业园、上海市北高新（南通）科技城等 12 家合作园区的建设和发展。如锡通科技产业园园区以高端装备制造等先进制造业为主导，深挖港台、日韩、欧美等国家和地区的招商潜力，针对智能装备制造以及新材料和新型电子产业开展精准招商，全力打造、延伸、拓宽装备制造产业链，于 2014 年 12 月列为省级苏南苏中合作共建园区，成为苏南苏中合作共建园区的典范。再如徐州、常州同为中国工程机械六大生产重镇之一，以智能制造为主攻方向，加强整机和零部件、技术和人力资源等方面的分工合作，将徐州、常州分别打造成为以工程机械为重点的世界级装备制造中心和副中心，有利于推进江苏工程机械行业自动化、数字化、网络化、智能化发展水平，提升江苏工程机械的整体水平和核心竞争力。

通过产业园的南北联动合作或与省外其他区域合作共建，苏北、苏中等欠发达地区可以借鉴苏南等成熟开发区的管理经验和模式，充分利用成熟开发区在招商引资、资本、信息、人才、管理、生态建设等方面的优势，承接发达地区产业转移，改造提升传统产业，整合现有产业及嫁接高新技术产业，加快苏北、苏中新型工业化进程。苏南等发达地区也可以通过产业转移进一步拓宽发展空间，在更大范围内优化资源配置，加快承接国际高新技术产业转移，增创产业发展新优势，促进区域产业结构的进一步优化升级。另外，通过产业园区联动合作，可以有效促进苏北、苏中、苏南装备制造业龙头企业的形成和壮大，并在龙头企业的横向、纵向和侧向拓展中，借助产业园区的合作平台和公共基础设施，通过优势互补和要素集聚，深化产业协作，促进产业集群的形成和发展，壮大规模经济，提升江苏三大区域装备制造业产业发展层级。统计表明，2011 年至 2015 年，苏南、苏中、苏北 GDP 年均分别增长 8.8%、10.9%和 11.4%。在苏南经济发展质量和效益不断提升的同时，苏中、苏北对全省经济增长的贡献率由 39%提高到 47%，可以看作三大区域装备制造业联动合作成效的一个反映。

（二）联动发展的主要障碍

1. 联动合作理念冲突

苏北、苏中与苏南装备制造业的联动合作是发达地区与欠发达地区之间的合作，两地政府和企业在改革开放的观念和产业经济发展理念上往往存在一定落差，导致不同区域合作双方在信息沟通和实质合作上存在诸多摩擦，影响和制约装备制造业联动合作效率。

2. 地方政府的保护与竞争

苏南等发达地区的装备制造业升级建立在传统劳动或资本密集型产业有效转出的基础上，但并不意味着传统密集型产业一旦转出，发达地区就能实现产业升级，两者的转换是一个长期但并不同步的过程。

目前苏南等发达地区的高端装备制造业大都处于发展的成长期，还存在制约产业升级的若干问题，特别是创新能力尚显不足，替代传统劳动、资本密集型产业的发展优势还不够成熟。因此，产业转出地区政府存在地方保护和延缓甚至阻碍产业外移的利益动机。另外，由极具地方保护主义色彩的区域产业政策所主导的装备制造业转移中，苏北、苏中地方政府往往采用先建园区、后引产业的模式，一定程度上增加了产业引入失败的机会成本，容易导致园区建设等基础设施的资源浪费，再加上苏北、苏中地区劳动力成本比较优势的一致性和政策引致的产业同构性，使得苏北、苏中地方政府的产业争夺战更加激烈，可能违背区域分工的比较优势原则，削弱资源的区域配置效率，从而影响苏南等发达地区装备制造业的有效转移。

3．区域产业同构

我国仍处于计划经济向市场经济过渡的转轨时期，在中央政府、地方政府产业政策的推动下，各地存在积极发展政策扶持性新兴产业的政绩冲动。如我国出台战略性新兴产业发展规划以来，各地均把大力发展战略性新兴产业写入地方发展规划，其中就包括高端装备制造业，为装备制造业的重复建设和产业同构埋下隐患。按联合国工业发展组织国际工业研究中心提出的产业结构相似系数计算方法，其具体公式为

$$S_{ij}=\frac{\sum(X_{in}\cdot X_{jn})}{\sqrt{\sum X_{in}^2\cdot\sum X_{jn}^2}}$$

其中，S_{ij}为地区i和j的产业结构相似系数，X_{in}和X_{jn}分别代表部门n在地区i和j的产业结构中所占比重。据此公式进行计算可知，从2013年至2015年，苏北、苏中装备制造业的结构相似系数由0.94降至0.93，但苏北、苏南的相似系数由0.82增至0.88，苏中、苏南的相似系数由0.76增至0.78，

表明江苏三大区域装备制造业具有较高的结构相似性，特别是苏北、苏中产业同构明显。高度趋同的产业结构抑制了区域产业分工深化，也弱化了基于产业联动的产业转移效应。而分工联动的产业转移本身就建立在差异化的产业结构基础上，相似的产业结构影响各生产要素在区域间的合理配置，致使产业转移的分工效应不能充分发挥。

4. 体制机制及合作效能差异

苏北、苏中与苏南合作区域政府在体制机制、政府职能转变和效能方面存在一定差距，如政府间合作效率差异，南北挂钩合作机制的深入推进，装备制造业企业对合作供需信息的了解掌握等，致使合作双方之间产生较大的交易成本，不仅严重影响了装备制造业区域合作效率，而且可能导致合作协议的失效和产业转移投资的退出。

因此，基于苏北、苏中、苏南装备制造业发展现状及比较优势，顺应市场经济、装备制造业升级、区域发展等内在规律，要努力破除产业、区域、知识技术、要素资源等关联互动的障碍，深化装备制造业分工协作，加快区域产业对接与转移，促进产业链、价值链、创新链不断拓展延伸，实现三大区域装备制造业的优势互补、集聚集群和联动发展。

当然，从全球范围的区域产业联动来看，则需要加快全省装备制造业“走出去”步伐，推动江苏装备制造业与发达国家、发展中国家和地区之间的产业联动发展。目前，江苏对外投资已遍布全球140多个国家和地区，特别是轨道交通装备、工程机械等重点行业成效明显。要主动对接国家“一带一路”倡议，充分发挥江苏作为“一带一路”交汇点的综合优势，鼓励装备制造企业参与境外基础设施项目建设，分类有序推进国际产能和装备制造合作，加快推动工程机械、新型电力装备、轨道交通、海洋工程、高技术船舶等重大装备“走出去”步伐，在全球范围内形成更高层次的区域产业联动发展格局。

第二节 知识技术共享机制构建

把握区域显性知识易于传递、隐性知识（缄默知识）地域集聚的不同特征，以市场驱动和利益分配为导向，以产业科技创新中心的区域联动为抓手，促进不同区域装备制造业显性知识的转移共享和隐性知识的地域集聚及外溢共享。

一是显性知识技术的共享。知识技术的合作共享是区域产业联动的长效之计，显性知识技术的易于传递成为区域产业联动的重要技术支撑。装备制造业作为资本和知识技术密集型产业，在区域产业的联动发展中，知识技术合作共享的重要地位不仅表现在装备制造业技术密集度和生产要素质量得到提高，而且表现在技术进步成为装备制造业集群式创新发展的关键因素。如苏州工业园通过营造知识共享的园区文化，依托综合信息处构建知识共享组织结构和信息平台，着力建设产业发展专有知识库，推动了园区的知识技术共享和产业科技进步。事实上，装备制造业集群发展的过程往往也是产业知识技术共享的过程。知识技术合作共享在实现企业之间的知识优势互补和提升技术协同创新能力，促进区际装备制造业结构的互动演进和产业升级，进而推动区域间产业联动和集群发展中起着越来越重要的作用。在市场驱动和利益分配导向下，区域间可以通过技术合作、联合开发、技术转让等多种方式来实现装备制造业的联动发展和技术创新。江苏存在苏南、苏中、苏北经济社会发展和产业科技水平的梯度差异，通过强化三大区域间的知识技术合作和合理利益分配，推动苏南等发达地区知识技术与产业的同步转移，可以增强苏北、苏中对装备制造业核心技术的吸收能力，实现苏北、苏中本地技术与外来技术的有效融合和装备制造业的创新发展。

二是隐性知识技术的共享。隐性知识技术（也称缄默知识技术）是存在于员工头脑中的，它的主要载体是企业员工（包括企业家等管理者）。与显性知识技术可以通过语言、文字、图表或符号等进行明确表述不同，隐性知识技术的拥有者和使用者往往难以清晰表达其主要特征（有时甚至只可意会不可言传），使得传隐性知识技术通过正规的书面表达、大众媒体等形式进行传递存在诸多障碍。但是隐性知识技术并非不能传递，只不过它的传递方式更为特殊一些，如通过师传徒授、现场观摩、情景模拟、非正式交流、人才流动等多种方式进行传递，即隐性知识技术显性化和区域共享。因此，要通过苏北、苏中、苏南的联动发展促进装备制造业的地域集聚和集群发展，建立装备制造业集群内企业员工间的交流互动平台，借助正式交流与非正式交流渠道促进集群内隐性知识的共享与传播，进而加快隐性知识技术的区域传递和共享。另外，要建立有效的集群外人才引进制度，通过隐性知识的社会化过程，将外部具有创新潜力的隐I生知识转化为集群内部的竞争优势。

三是产业科技创新中心的区域共建。装备制造业是事关区域经济核心竞争力的战略性产业，其知识技术密集的特性迫切需要加快建设产业科技创新中心。区域科技创新联盟有利于将不同区域企业的市场化优势、科技成果转化优势、资金优势与高校科研院所的人才优势、技术优势等有机结合起来，是加快建设产业科技创新中心的有效途径。江苏是全国高校及科研院所最为密集的省份之一，丰富的科教资源和高密集程度的人才资源是产业科技创新联盟的有利条件，可以有效地将苏南、苏中、苏北的技术、人才、信息、知识等资源实现共享优化，提高装备制造业产业科技创新中心建设质量和效率。根据江苏三大区域装备制造业发展的比较优势和联系潜力，可以结合装备制造业不同行业产业科技创新重点，按照行业科技创新“一个中心+多个副中心”的模式在三大区域进行科学布局和合理建设，加快形成三大区域装备制造业企业间的竞合机制，推动企业基于产业垂直联动、产业水平联动、产业分工联动等知识技术共享和产业集群创新目标的协同发展。

第三节 合作机制构建

跨区域的产业联动是各区域间企业、产业和区域协作的主要表现形式。实际上，整个宏观区域经济就是由众多企业、产业和区域而形成的产业联动系统，它一旦形成，将会对区域经济协调发展和区域经济一体化建设产生巨大的推动力。但在实践中，区域内的产业联动容易得到地方政府的大力支持，而跨区域的产业联动则往往受到行政壁垒、地方保护主义、运输成本增加等因素的制约，甚至出现不同程度的“区域分割”，因而更需要加强政府合作，通过制定产业政策和区域政策等加以支持。从江苏装备制造业的区域联动看，主要是在省级政府协调下采用南北挂钩和“1+3”功能区等多种政府合作形式予以扶持。

一是持续深化南北挂钩合作。2001 年，苏北发展协调小组在徐州召开第一次会议，按照省委、省政府加快苏北振兴，推进区域共同发展的要求和“政府推动、市场运作、优势互补、共同发展”的原则，南北挂钩的 10 个市在 2001 年签订了合作协议书，基本建立了南京—淮安、镇江—连云港、苏州—宿迁、无锡—徐州、常州—盐城的南北挂钩合作网和涉及工业、农业、科技、教育、文化、卫生和旅游等领域的南北挂钩合作协议。2002 年，苏北发展协调小组在沭阳召开第二次会议，提出推进以产业、财政、科技、劳动力为重点的“四项转移”，其核心是产业转移。2007 年，在南北挂钩合作机制引导下，苏北、苏中、苏南三大区域着力开展南北共建园区的创新实践，推动苏南重大产业转移项目落户苏北和苏中地区，其中的一个重要部分就是装备制造业的区域转移。2012 年，省委、省政府出台《关于加快苏北全面小康建设的意见》，再次强调了加快南北产业转移、推进区域协调发展的重要意义。2016 年，省委、省政府出台《关于加快苏北振兴推进全面建成小康社会的若干政策意见》，强调了以四化联动、开放带动为重点加快苏北振兴。总体来看，在省市两级政府的大力推动下，自 2001 年建立南北挂钩合作以来，江苏三大区域特别是苏北、苏南在干部交流、人才培训、劳动力转移、产业合作、共建园区建设等方面都取得了可喜的成绩，促进了装备制造业的区域联动发展。三大区域依托各类产业开发园区，不断加大特色装备产业培育发展力度，至“十二五”末已拥有装备制造特色产业园区 40 多家，形成了一批特色产业集群，促进了全省装备制造业布局的进一步优化。从未来发展看，要立足苏北、苏中、苏南装备制造业产业基础、资源禀赋和比较优势，以市场力量为主，以政府合作为辅，以园区合作共建为平台和载体，在省级政府协调和地方政府推动下，进一步完善南北挂钩合作机制，特别是在产业转移、资金融通、技术交流与合作、人才交流与培训、绿色环保等方面持续深化合作，扎实推进装备制造业的区域联动和集群创新发展。

二是加快推进“1+3”功能区建设。2017 年 5 月，时任江苏省委书记李强同志在苏北发展座谈会上提出“1+3”功能区战略构想。“1”指扬子江城市群，涵盖南京、镇江、常州、无锡、苏州、扬州、泰州、南通沿江八市，“3”指连云港、盐城、南通为代表的沿海经济带；宿迁、淮安为主，包括苏中部分地区的江淮生态经济区；以及徐州为中心城市的淮海经济区。以功能区为导向的“1+3”区域发展战略，改变了以往行政区为主导的“3（苏北、苏中、苏南）+1（沿海）”的区域发展战略，从主要着眼于地区间差距缩小转变到主要着眼于特色开发和国土空间发展结构变化，这对江苏装备制造业的区域联动发展具有重要意义。当前，江苏装备制造业正处于由高速度增长向高质量转型发展的关键阶段，为了在更高层次上推进装备制造业的区域联动发展，需要纵深推进“1+3”功能区建设，全面启动新一轮沿海开发，打造沿沪宁线以装备制造业为代表的新型工业化先导区域，积极促进扬州与南京、镇江，泰州与无锡、常州，南通与苏州装备制造业的两岸联动开发，依托沿东陇海线加快建成以工程机械、智能制造等为代表的先进制造业密集带和苏北振兴的先导拉动区。由此，形成一个以建设新型功能区抓手，以优化装备制造业空间布局和推动产业集群创新发展为导向，在更大范围内实现产业资源的统筹优化配置，进而促进区域共同发展的新格局。

三是建立完善区域信息互动、产业合作和利益协调机制。首先，各区域应提高经济政策的透明度，主动发布苏北、苏中、苏南地方政府的经济政策，以及支持产业发展的重大举措、优惠政策等信息，建立对称的信息互动机制，实现信息资源共享，以增加经济合作中的可预测性，减少合作风险。具体可以采用相关合作部门定期进行互访和对话，通过网络平台、媒体宣传等方式增强信息透明度等多种方式促进各区域间的信息沟通。其次，装备制造业区域联动的目的是通过项目合作和产业发展来推动区域经济发展，苏北、苏中、苏南三大区域要根据自身产业发展的比较优势和区域政策，鼓励不同所有制的装备制造企业参与跨区域的经济合作项目，将装备制造产业链延伸到不同区域，把区域产业联动根植于市场经济的内在利益之中，推动区域产业合理转移，促进装备制造业的专业化分工与区域合作。可以考虑在省级政府主导下设立装备制造业区域联动协调小组，由分管工业的副省长任组长，各地区市长或分管副市长任副组长，采用定期、不定期召开协调会、联席会、现场会等多种形式，协同推进装备制造业的区域合作发展。最后，区域资源禀赋、产业发展的差异性互补优势和经济发展水平的梯度性和共同发展的愿景等，构成了装备制造业区域联动的重要基础，而共同利益和互利双赢是不同区域联动合作的基本法则。由于苏北、苏中、苏南经济社会发展的不平衡，可能会造成合作利益分配不均的情况，这就要求装备制造业的区域合作要兼顾区域整体利益和不同合作地区的利益，对区域内各地区分工合作的经济利益进行协调。可以考虑设立装备制造业区域联动共同发展基金，对公共基础设施建设、企业投资补贴、人才培养等进行重点扶持。同时，区域合作中获益较多的地区应给予获益较少的地区一定的利益补偿，政府也应给予合作中处于弱势的一方一定的政策倾斜，达到区域整体利益与地区自身利益相协调的效果，从而促进装备制造业区域联动的和谐持续发展。

因此，在江苏既有的南北结对、五方挂钩和沿江开发、两岸互动基础上，以省级政府为统领和协调，要着力加快苏北、苏中、苏南各地方政府之间的常态化沟通与合作，纵深推进“1+3”功能区建设，形成省市县各级政府协同推动装备制造业区域联动与集群创新的新机制。

第四节　要素流动及优化配置机制构建

从理论研究与实践发展看，区域产业联动主要表现为要素流动、产业转移和产业联盟三种方式。其中，要素流动是指原材料、资金、技术、劳动力等生产要素跨区域的空间转移和优化配置，是装备制造业区域联动和集群发展的主要途径和外在表现。一般而言，装备制造业生产要素跨区域流动规模的扩大与区域产业联动发展程度间存在着较为明显的因果关系。一方面，推进装备制造业区域联动发展的主要目的就是要扩大资源配置的范围和提高资源的配置效率；另一方面，生产要素跨区域流动规模的扩大又构成了装备制造业区域联动发展的客观物质基础及推动力量。事实上，只有区域间生产要素的流动规模扩大了，不同装备制造业各产业部门及企业等中观和微观经济体在更大范围内优化资源配置的愿望才能落到实处。不仅如此，跨区域要素流动规模扩大现象的客观存在又进一步增强了破除不合理区域经济分割之现状并进而为加快装备制造业区域联动发展进程注入了新的动力。

受资料限制，仅以装备制造业从业人数变化情况为例作一说明。原始数据均来源于 2006—16 年《江苏统计年鉴》及江苏 13 个省辖市统计年鉴，计算结果（见表 6-4）。首先，从 2005—15 年从业人数增长情况看，苏南装备制造业从业人数增长明显快于苏中和苏北地区，特别是通信设备、计算机及其他电子设备制造业（增长 745 490 人），电气机械及器材制造业（增长 358 245 人），交通运输设备制造业（增长 214 741 人）从业人数增长较快，而仪器仪表制造业略低于苏中但明显高于苏北。其次，苏中装备制造业从业人数增长明显快于苏北地区，特别是电气机械及器材制造业（增长 175 415 人）、交通运输设备制造业（增长 174 140 人）从业人数增长较快。最后，苏北装备制造业从业人数增长较快的主要是通信设备、计算机及其他电子设备制造业（增长 151 651 人），电气机械及器材制造业（增长 96 196 人）两大行业，且通信设备、计算机及其他电子设备制造业，通用设备制造业从业人数增长快于苏中地区。理论上，江苏三大区域装备制造业从业人数的增长主要来自三个方面：一是人口自然增长带来的区域劳动力数量增加；二是省内苏北、苏中、苏南之间劳动力的跨区域流动；三是省外劳动力的净流入。在开放型经济环境下，后两者应该是江苏三大区域装备制造业从业人数增长的主要来源。说明从总体看，苏北、苏中装备制造业从业人员存在向苏南装备制造业流动的趋势，特别是通信设备、计算机及其他电子设备制造业，电气机械及器材制造业，交通运输设备制造业表现明显。同时也包括苏北向苏中的劳动力流动，如电气机械及器材制造业和交通运输设备制造业。此外，从苏北、苏中、苏南装备制造业各行业从业人数占全省比重的变化看，苏南装备制造业从业人数占全省比重均为下降，而苏北、苏中装备制造业从业人数占全省比重基本保持增长态势，一方面反映出三大区域劳动力就业结构的动态调整（如制造业从业人员向服务业的流动），另一方面也说明苏北、苏中装备制造业存在省内外的劳动力流入趋势（如其中的劳动、资本密集型行业吸纳普通劳动力就业，技术密集型行业引进高层次人才等）。

表 6-4　2005—2015 年江苏三大区域装备制造业从业人员平均人数变化情况

行业	苏北从业人员		苏中从业人员		苏南从业人员	
	增长人数（人）	占全省比重增减（%）	增长人数（人）	占全省比重增减（%）	增长人数（人）	占全省比重增减（%）
金属制品业	48248	6.46	67469	3.41	105382	- 9.87
通用设备制造业	58414	2.44	50028	- 0.31	127977	- 2.14
专用设备制造业	55965	3.05	73885	5.75	149623	- 8 80
交通运输设备制造业	58833	3.60	174140	9.55	214741	- 13.15
电气机械及器材制造业	96196	4.67	175415	4.36	358245	- 9.03
通信设备、计算机及其他电子设备制造业	151651	7.74	113108	3.64	745490	- 11.38
仪器仪表制造业	26933	8.69	60832	16.34	55493	- 25.03

在市场化的进程中推动资金、技术、劳动力等生产要素的自由流动，必须充分发挥市场机制的配置作用，按照市场经济规律的要求促进装备制造业生产要素的区域流动和优化配置。这就需要统一规划苏北、苏中、苏南区域要素市场建设，尤其是金融、人才、技术、信息、产权等重要要素市场，促进各类专业市场和特色市场的合理布局与分工，形成三大区域要素市场联动合作网络，加大三大区域要素流动与配置的广度和深度。同时，充分发挥政府公共职能，在各级政府（特别是省级政府）和行业协会的推动下，努力破除要素流动的体制机制障碍，培育区域合作发展的市场机制，营造成熟、开放的市场经济环境，提供推动装备制造业区域联动发展的政策、信息等公共服务，完善区域道路、通信等公共基础设施，促进装备制造业集群创新发展所需的资金、知识、技术、人才等要素的区域流动和优化配置。

按照江苏省装备制造业“十三五”发展规划要求，通过装备制造业生产要素的区域流动及优化配置，完善区域协作机制，推进苏北、苏中、苏南三大区域装备制造业错位互动发展。苏南装备制造业注重原始创新和高端化发展，形成全球知名的产业科技创新和先进制造业基地、全国重要的高端装备制造业引领发展区。苏中地区着力突破部分领域的关键环节，建设一批装备制造优势产业集聚区，形成全国装备制造业带动发展区。苏北地区注重引进消化吸收再创新，探索合作发展新模式，培育装备制造业发展的特色和亮点，尽快成为有影响力的特色装备制造业示范区。而从产业带或产业板块看，要推动沿沪宁线地区重点发展航空装备、轨道交通装备、智能制造装备等产业集群；沿海地区重点发展海工装备、重型港口机械、海岛建设装备等产业集群；沿江地区重点发展高端船舶、数控机床、智能制造装备等产业集群；沿东陇海线地区重点发展工程机械、风电装备等产业集群。通过三大区域和四大产业带的协同联动，优化江苏装备制造业集群布局，提升产业集群式创新效能。

第七章　装备制造业集群网络化发展及治理

第一节　装备制造产业集群的网络功能

一、装备制造产业集群网络功能的内涵

（一）网络功能的内涵

关于网络功能的说法并不一致，本书根据研究需要，把网络外部性作为网络功能发挥的主要表现。原因在于网络功能发挥对集群内企业及相关机构发展作用极大，它关系到能否凝聚、整合所需资源，而这种凝聚、整合作用又不同于科层制的强制性，也不同于纯粹的市场行为，更多地体现为一种辐射功能。

经济学家庇古（1920）在其著作《福利经济学》对外部性问题做了比较系统的分析，他认为外部性产生的原因在于私人成本和社会成本的不相等、边际私人净产品和边际社会净产品的不相等。如果私人成本小于外部成本（负外部性），则实际的产量会超过最优的均衡产量（边际社会成本等于边际社会收益）；反之则反是。解决外部性的方法是征收“庇古税”，即由政府出面，对经济行为主体的负外部性活动征税，提高其私人成本；对具有正外部性的活动进行补贴，提高其私人收益。总的原则是使得私人收益等于私人成本，市场的产量达到均衡，最终实现有效的资源配置。当然，庇古对外部性问题的分析是具有一定的假设条件的，具体来讲：一是市场行为主体无法通过谈判来解决外部性问题，因为他们之间的私下谈判是存在障碍的；二是假定行为主体双方的责任是明确的，即由产生负外部性的一方当事人来承担责任；三是政府具有完全信息，其目标是整个社会利益

最大化；四是政府在通过征收“庇古税”来解决外部性是没有成本的，或者说成本可以忽略不计。

科斯在庇古研究成果的基础上，提出了不同的看法。他在论文《社会成本问题》(1960)中提出了两个模型(正交易成本模型和零交易成本模型)来分析外部性问题，得出了不同的结论。他认为，如果市场行为主体之间的交易成本为零的话，则政府的角色就发生了变化，不是庇古所提出的那样来征收“庇古税”或“进行补贴”，而是要在经济主体之间明确彼此的产权问题，通过明确的产权界定来明确外部性的责任问题。对于这个结论，需要指出的是，如果经济行为主体之间的交易没有交易成本，则就不会产生外部性问题；同时，由政府来界定经济主体之间的产权也是有成本的。这和其理论中的模型不完全吻合。对于此，本书认为，科斯写作目的是为了批驳庇古的观点，他认为庇古对外部性的分析即使存在一系列的“真空”条件，在现实中的可行性也是值得推敲的。

从这个角度来分析，要正确理解科斯对外部性问题的分析，从庇古的反面出发倒不失为一条捷径。通过分析科斯提出的零交易成本模型，我们可以得出一个基本的结论：科斯认为现实生活中经济行为主体之间的行为是存在正的交易成本的。在该结论的基础上，我们进而可以认为，科斯的思想是在正交易成本的现实中，政府对外部性问题的解决效果存在极大的不确定性。原因在于政府如果把承担外部性责任的权利界定给施加负外部性的一方，则会产生惩罚不足的效果；同样，如果把界定外部性责任的权利赋予受负外部性损害的一方，则会产生惩罚过分的问题。两种做法会产生不同的资源配置结果，那一种做法对社会整体效益最好存在较大的不确定性。可以看出，在如何解决外部性的问题上，科斯和庇古并没有根本的冲突，他只是认为政府干预的效果具有不确定性，在具体实施中需要采取谨慎的态度。

根据上面的分析，可以看出庇古和科斯两人对外部性问题认识的根本区别不在于交易成本是否为零，而是对政府在解决外部性问题时的作用大小看法不同。庇古认为政府是信息完全的，因而不存在政府干预的成本问题，所以应当由政府去解决外部性问题；而科斯认为政府不是万能的，具有有限的理性，存在政府自身的利益，即政府的行为不完全是为了社会的公共利益，因而不主张完全依靠政府来解决外部性。进一步来讲，庇古对市场解决外部性没有信息，而是希望政府解决，解决的手段是征收“庇古税”和“补贴”。而科斯认为政府的作用仅仅在于界定不同经济行为主体之间的产权，具体怎样解决应当由市场来做。

总之，从马歇尔到庇古和科斯，国内外的学者虽然已经对外部性问题进行了许多深刻的研究，但是，对外部性问题的基本解决办法也未达成共识，尤其是对产业集群网络外部性的研究就相对更少了。本书的产业集群外部性是指产生于集群网络中企业的产业特征和集群网络自身的特征（如内部子网络之间的互动）的外部性。

根据本书的研究目的，把装备制造产业集群网络外部性界定为装备制造产业集群网络突破具体的地域限制，在更大、更广的范围内整合资源，提升集群的发展能力，达到集群网络功能的提升。

（二）装备制造产业集群网络功能内涵界定

在全球竞争日益激烈的今天，世界经济之间的联系日益紧密，缺乏外部知识获取通道的产业集群容易变成保守而封闭的系统，形成“区域锁定”，阻碍创新和发展。装备制造业出现了“国内竞争国际化，国际竞争国内化”的现象，竞争的重点也由“点”向“链”，进而向“网络”演进。跨国装备制造巨头通过构建全球生产网络，在全球范围内整合相关资源。

因此，装备制造产业集群的网络功能重在分析产业集群与集群外的联系，通过对集群外部各类资源的获取，如知识的交流、战略联盟、营销联盟等多种形式，来促进自身的发展。产业集群的网络功能对于新形势下产业集群的可持续发展尤为重要，在生产可能性曲线上表现为推动生产可能性曲线的向外移动（如图 7-1），其原因在于集群网络功能的发挥，能够在全球范围内吸纳、凝聚、配置和整合相关资源，从而扩大了集群的生产能力。可以说，如果网络功能发挥充分，将会无限地扩大集群凝聚资源的能力，使得原有的集群边界变得越来越模糊，最终实现“有边界”的集群向“无边界”集群的演变。

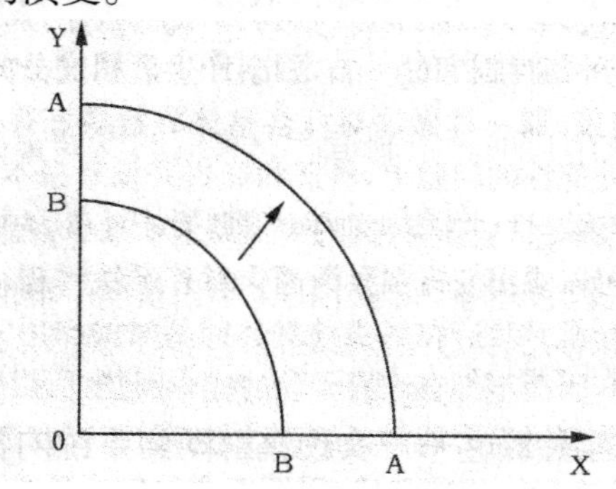

图 7-1　集群网络外部性对生产可能性曲线的影响

目前，研究者逐渐开始关注集群的外部联系、集群间互动、全球产业价值链管制等这些集群网络外部性的形式。集群已经不能在封闭和孤立中发展，而必须积极加强外部联系，在升级中求得发展。虽然本地网络的知识溢出要强于跨区域网络的知识溢出，但空间距离并不是影响知识创新的唯一因素。新知识往往并不是通过本地或区域互动获取，而是通过跨区域甚至国际范围内的战略关系得到的。世界上任何一个集群都不可能做到知识或信息上的自给自足。其他区域每天都在进行知识的创新与技术的升级，通过与这些区域保持网络系统的开放性与学习状态，可以使本地产业集群保持持续的竞争优势。

必须指出的是，装备制造产业集群网络的本质决定其是具有特定内在结构和外在联系的复杂的开放性系统，是一种企业间、产业间的优势互补实现集群规模有效扩张与环境有机互动的复杂网络。装备制造产业集群的开放性能够实现有限资源在跨行业、跨地区之间的优化配置，推动集群网络外部性功能的发挥。

1．装备制造产业集群构建和外部的联系纽带——发展突破地理局限性的需要

产业集群的发展具有层次性，处于国内产业链的产业集群，其产品市场就可以在国内得到充分扩展；处于全球价值链的产业集群，成为全球价值链的一部分，就可以带动产业集群的产品走出国门，从而为产业集群的持续发展奠定坚实的基础。我国目前装备制造产业集群的发展主要受到地域资源禀赋影响，全球化发展不足。原因在于制造产业承担了较多的历史包袱。虽然经过市场改革，但在关键技术上和国外相比不占优势，国际市场开拓能力不足。面对新的发展环境必须具有全球化眼光，突破地域的局限。

2．集群内部的产业关联性——实现集群网络系统内各子系统之间物质、信息、能量的有效传递与交换

一般来讲，装备制造产业集群系统主要由五个部分组成，即主导企业、上游企业、下游企业、中介服务部分和产业管理部门。其中，前三者构成产供销体系，在产业集群中处于核心地位并发挥主导作用。整个产业集群系统的效率取决于这五个子系统之间的有效协调及合理组合。一方面，产业集群的开放机制使得五个子系统内的各种信息能够方便快捷地传达，并根据市场需求、生产成本及发展战略的变化及时调整自己的运作模式或生产计划。另一方面，各个子系统还要形成合力，降低相互之间的交易成本，建立互信。同时，在每个子系统内部，应明确定位，加强分工与协调，避免恶性竞争，以合作求竞争代替过去的单纯竞争，实现双赢，同时也要以一定程度、一定范围内的竞争作为各自发展的动力。

3．实现装备制造产业集群网络功能的关键——系统创新

创新是企业组织成长与发展的内在动力，装备制造产业集群的发展离不开创新，集群网络功能的发挥同样如此。系统创新主要包括技术创新和

管理创新。企业集群和产业集群内企业的创新由于企业之间的联系密切，会影响到相关企业生产与经营的配套问题，并进而引起关联企业进行相应的创新活动，形成创新协同效应。管理创新是指任何系统在运行过程中，在制度、政策、方法等方面的创新，产业集群内的创新主要是管理创新。由于集群的地理临近性和信息化的发展，一个企业的管理创新，会很快被其他企业借鉴，产生溢出效应，从而推动整个产业集群外部网络的发展。

在经济全球化的背景下，任何一个组织都不可能在封闭的条件下生存和发展，装备制造产业集群也不例外。从实践来看，集群是一个开放的组织形式，这是保持和外界信息沟通、知识流动的必然要求。只有这样，才能够在凝聚、吸纳、配置和整合本地资源的基础上进一步拓宽发展空间，在全球范围内获取自身发展所需要的各类稀缺资源。这是一个动态的过程，因为不同的发展时期对各类资源的需求也不同。这是装备制造产业集群网络竞争优势的主要来源之一。

网络功能的作用机制主要是装备制造产业集群中的核心网络与集群外部环境之间的互动。一方面，可以克服集群本地化发展所带来的路径依赖，扩大产业链整合资源的范围，提高对外部环境变化的适应能力；另一方面，可以适应经济全球化和知识经济的要求，加快集群内部和外部之间的信息和知识的流动，及时提升自身的综合实力，实现可持续发展。

装备制造产业集群主要通过两个途径来获取外部的知识。知识分为显性知识和隐性知识。对于前者，主要的获取方式是集群积极主动融入全球价值链中；对于后者，则主要是通过引进高层次的人才来实现其转移。在信息化和网络化的背景下，装备制造产业集群作为一个开放系统的主要表现就是积极融入全球装备制造产业价值链并力争处于高端价值环节。需要指出的是，装备制造产业集群网络功能发挥绩效的高低主要取决于两个方面：一是集群内不同行为主体对自身发展所需的信息、知识等要素和资源的搜寻能力。二是在第一步的基础上，产业集群在获取自身发展所需的各类资源和要素后，能够克服外来资源和要素的“水土不服”问题，即能够使得外部资源和要素与本地的资源和要素有机融合，良性互动。

二、装备制造产业集群网络功能的形式

根据以上分析，我们知道装备制造产业集群的开放性决定了集群外部网络的形成，随着装备制造业全球化生产网络的构建和发展，装备制造产业集群需要的各种资源越来越大，要求集群突破具体的地域，在不同区域、不同国家内寻找自身发展所需的各种战略资源，集群网络的全球化是经济全球化的一个重要表现，也是其重要组成部分。

（一）产业集群与产业集群之间的网络

产业集群与产业集群之间的网络对于其发展极为关键，一方面是相关产业健康发展的需要。当前，我国很多地方的产业集群存在着严重的“行政分割”“各自为政”的现象，地方政府有着各自的利益，为了吸引外资，打造本地品牌，提高经济增长速度，盲目地提供各种优惠政策招商引资，忽视了产业集群自身发展的内在规律，结果造成多个人造的产业集群低水平重复建设，彼此之间的相关产业集群缺乏整个产业价值链的分工和纵横整合，阻碍了生产要素的有效配置和自由流动，无法形成有机互动的网络，使得分工不够精细、协作程度不足、规模较小，在全球竞争中处于劣势地位。另一方面，由于市场竞争日益激烈，再加上产业集群本身的开放性，也是促使产业集群和外部网络形成的动因。

21 世纪的市场竞争，由于信息化和网络化的快速发展，不同市场主体之间的竞争形式和内容均发生了较大的改变，由原来的单一企业之间的竞争，转变为企业联盟、产业链之间的竞争。一个产业集群不论是“嵌入型”还是“原发型”，随着自身发展规模的扩大和竞争的加剧，对于资源的需求越来越多，本地网络即使相对比较完善，也需要外部网络的支持。通过产业集群与产业集群之间的联系，可以使产业集群避免发展过程中的路径依

赖和锁定效应。一定程度上，产业集群的增长绩效取决于地方网络与外部网络的有效融合程度。产业集群的开放性是产业集群内外互动的前提条件，也是产业集群获取外部技术、信息等资源及获得外部市场，特别是国际市场支持的重要条件。

从产业集群的结构来看，产业集群与产业集群之间的网络本质上是把产业集群作为主体，分别处于整个产业价值链的不同环节，彼此之间属于分工合作的关系。例如，纺织产业链条，简单来讲，对棉花进行纺织是最基础的环节，然后对所织的布匹进行染色、加工是价值链的第二环节，其三是对布匹进行深加工，生产服装，进行创意设计，这是第三环节。如果纺织企业大量集聚在一起形成产业集群，对布匹进行初加工的企业和其他主体形成染色类企业的大量集聚，生产服装的企业、设计单位、政府和行业协会等形成服装产业集群，可以说，这三类集群就是产业集群与产业集群之间的网络，这是产业集群网络外部的主要表现之一。进一步来分析，产业集群之间形成的网络和产业集群内部的网络没有真正的区别，只是把位于产业价值链的不同环节的产业集群作为一个主体所形成的更大的网络形态。

从产业集群网络的发展来看，集群网络外部性有助于扩大产业集群的市场范围。我们知道，在产业集群内众多同类企业的集聚首先带来的是其所生产的产品集聚，对于不同的产品具有不同的交易方式，例如中间产品更多的是在本地交易，而大量的最终产品，仅仅依靠本地企业和消费者的消费能力，是无法拓宽其市场范围的。这就需要依赖于产业集群外部的市场，而外部的产业集群和本地产业集群处于产业价值链的不同环节，对本地产业集群产品的需求是大规模的，这样就大大地拓展了本地产业集群的市场。如果和国外的相关产业集群处于产业价值链的不同环节，也就意味着本地产业集群网络外部性的发挥突破了具体的国别限制，产品的市场也由国内市场向国际市场拓展，形成了产业集群之间的有机协调和良性互动，国内市场和国际市场的协调和互动，从而提高产业集群对国内外资源的凝聚、配置和整合能力。

另一方面，不同产业集群之间的网络关系形成也有助于提高产业集群网络的创新能力。尤其是随着经济和社会的发展，消费者收入水平的提高，对于产品的要求也越来越高，由单一的功能需求向个性化和差异化需求演变，这对产业集群的发展提出了新要求。在产业集群网络内部，不同的要素能够实现相对比较顺畅的流通，而集群之间网络关系的形成，能够在更大范围内提高各类资源的流动，从而提高要素的流动范围和频率。更为关键的是，产业集群之间网络关系的形成能够提高本地产业集群网络对外部市场（和全球市场）的感知能力，提高对市场需求变化的敏感度。

（二）产业集群内龙头企业与集群外部之间的网络

这种产业集群网络外部性是本地产业集群网络为了吸纳、凝聚、配置和整合外部资源以促进自身发展所形成的。其中，产业集群内的龙头企业在该网络关系的构建中发挥了关键的作用，在形式上表现为由内到外。产业集群网络分为不同的层次，其中企业网络在整个产业集群网络中居支柱作用，担当起了和本地产业集群网络的主体角色。需要指出的是，在企业网络内，不同企业的作用和地位是不同的。龙头企业是指那些在企业网络中发挥关键作用，对整个企业网络的形成和发展具有较大的影响力的企业。

具体来讲，龙头企业对于产业集群网络外部功能的发挥，主要在以下几个方面起到了带动和促进作用：一是龙头企业以其综合实力搭建了本地集群网络和外部不同主体之间良性互动的桥梁。随着市场竞争的加剧，企业之间分工的范围和程度日益增大和加深，产业集群内的龙头企业在发展初期可以把产品的设计、研发、生产、销售等多个环节都由自身来做，但随着企业规模的增大和竞争的激烈，任何一家企业都无能力在所有环节都具有优势，这就要求龙头企业做出新的选择，即放弃那些价值含量不高的环节，集中资源于自身最为擅长的环节，将非主要环节外包出去。这时，形成了众多中小企业基于龙头企业外包所形成的集群网络。随着经济全球化时代的到来，产业集群的发展仅仅依靠本地资源是不能适应新的竞争需要的，这就要求龙头企业在产业集群外部寻找自身发展所需要的稀缺资源，从而形成产业集群内龙头企业主导的、由内到外的分工和交易网络，在更大的范围内凝聚和整合资源。

一是产业集群内的龙头企业以其自身的综合优势架起了产业集群网络与外部网络互动的桥梁。一方面，龙头企业的规模大，在整个产业集群网络内的作用举足轻重，为了自身的发展，对集群外部不同市场主体的资源和要素具有较大的需求，从而形成了龙头企业与集群外部市场主体之间的网络，提高了龙头企业的市场辐射能力。其次，随着龙头企业规模的扩大，本地产业集群网络内的资源和要素已经不能适应该企业发展的需要，这就对其提出了新的要求，即扩大凝聚、吸纳、配置和整合资源的范围，在更广阔的区域内获得发展的资源。

二是龙头企业的扩展战略有力地促进了产业集群外部网络的形成和发展。根据前面的分析，我们知道，龙头企业的发展速度较快，对集群内其他中小企业具有带动和示范作用。当龙头企业发展到一定程度，本地集群网络的有形边界和资源的有限性就成为龙头企业进一步发展壮大的障碍。为了在新的竞争环境下取得成功，龙头企业迫切需要突破具体的地域限制，在更广阔的区域内凝聚、吸纳、配置和整合资源，形成自身可持续发展的根本动力。具体的路径是通过进一步细分外包，强化与集群外部不同市场行为主体之间的联系，和战略伙伴建立更为稳定的合作关系。这种合作关系的内涵比较丰富，主要包含三层含义：第一层含义是双方的创新合作和生产合作，第二层含义是工作业务上的协调和整合，第三个层次是在新产品的研发、技术应用和市场信息的共享等。需要指出的是，龙头企业在确定自身的战略合作伙伴时，主要的标准就是该市场行为主体的创新能力，以保证双方合作网络的效率。

三是龙头企业对于本地产业集群网络和外部市场行为主体之间的网络形成和发展起到协同作用。在形式上龙头企业是本地集群网络和外部联系的行为主体。一方面，它通过自身的综合实力，例如对其他企业的示范和带动作用，来形成自身在整个网络中的核心作用；另一方面，通过协调集群网络内外不同市场行为主体之间的信息和知识的流动来协调整个产业集群网络内外企业之间的利益。

具体来讲，龙头企业对产业集群网络内不同市场行为主体——企业之间的利益协调主要是通过以下几个路径来实现的。第一个路径是龙头企业在众多配套生产的中小企业当中，选择那些与自身经营理念、创新机制等方面相似的企业，作为长期战略合作伙伴，把整个市场的需求细化为单个企业的具体要求，实现众多企业基本利益的一致性。第二个路径是发挥龙头企业的发展带动作用，例如声望、创新能力等，来对其他企业进行协调和示范，具体的方式有授权其他企业使用自身的品牌，从而实现对其生产经营活动的引导。第三个路径是通过发挥龙头企业的信息和知识优势，在不同企业之间构建良性互动的网络，其中龙头企业发挥着主导作用，实现对整个产业集群网络内众多资源和要素的高效配置和有机整合。

龙头企业在新的竞争环境下，把价值较低的环节外包出去，例如生产环节、装配环节等，而集中资源在价值含量较高的研发、设计等价值链环节。在实践中，龙头企业为了提高效率，降低交易成本，对众多的配套企业进行分类和整合，简化配套企业的层次，强化了龙头企业作为整个产业集群网络核心的地位，从而形成了以本地产业集群内龙头企业主导的由内向外的动态层级网络。这样，龙头企业能够通过对产业价值链的重新配置和整合，在全球范围内实现对自身发展所需资源的凝聚、吸纳、配置和整合（如图 7-2）。

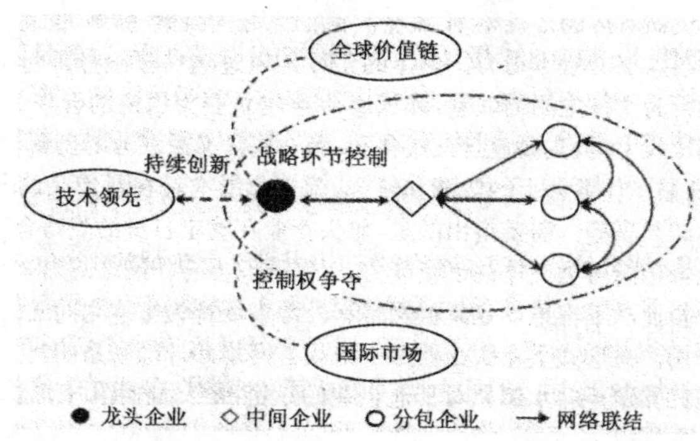

图 7-2　龙头企业外部化成长与动态层级网络构建

（三）跨国公司与产业集群之间的网络

装备制造产业集群网络产生的时代背景是经济全球化的迅速发展。交通和通信等科学技术的发展使得地理距离不再是产业集群网络发展的障碍，全球资源、信息、技术、知识的流动使得产业集群网络的发展获得了较好的机遇。而促成装备制造产业集群外部网络形成的一个重要载体是跨国公司。在经济全球化的时代背景下，跨国公司由于其战略发展的需要，直接或间接地参与到某些产业集群的地方经济网络中，不仅将某些业务外包给具体地方特色的产业集群内的加工企业，而且将某些部门如研发、制造、区域总部直接设立在相关的产业集群内，成为产业集群网络的一部分。跨国公司不仅参与了装备制造产业集群的创新网络，而且通过自身的全球化网络组织为装备制造产业集群和外部的联系架起了一座桥梁，使得本地产业集群成为全球生产网络的重要组成部分，而不仅仅是地方性网络组织。

经济全球化的进程使得装备制造产业集群的发展并不是一个孤立的过程，作为国际分工的一个重要环节，装备制造产业集群必然保持着与外界的联系，参与到全球化的竞争体系中去。反之，如果集群是封闭的系统，很少或不参与到外部的竞争，即使有过短暂的发展和繁荣，随着外部环境的变迁，也将无法适应外部变化而走向衰落。因此，装备制造产业集群只有形成动态的、开放的网络系统，才能保持其长盛不衰的生命力，这也是其可持续竞争力的来源。而在集群与外部的联系中，跨国公司发挥着枢纽的作用。

按照跨国公司参与程度和地方产业结构的结合程度，可以将跨国公司参与产业集群分为两类：直接参与型和间接参与型。前者又可以分为跨国公司主导型和跨国公司嵌入型。跨国公司主导型产业集群首先起源于一家或几家创新型的大型跨国公司，并刺激其他同类企业的成长，一旦形成产业集群，一种自我增强机制就会促进它的成长。

典型的例子是天津移动通讯产业集群。1992 年摩托罗拉公司在天津开发区投资注册成立摩托罗拉电子有限公司，建立了它在中国的生产基地，其他众多中小企业为了和其配套纷纷入驻天津开发区，最终形成了产业集群。跨国公司通过专业化分工和协作影响产业集群主要有三种模式：一是通过产业分工与协作的紧密联系，组成上下游产业垂直专业化生产链条。二是通过全球战略安排，将生产链、供应链的主要环节分别设置在若干国家，在总部的调控下，由分布在各地的子公司分别完成整个产品生产流程的特定环节。三是通过科技园区等区域技术研发中心和专利技术的产业化，在周边地区形成动态组合和边缘扩展的科技型产业集群，并吸引研发、设计、风险投资等中介机构进入。对于跨国公司嵌入型的产业集群而言，其影响路径主要也有三种：一是建立子公司，如长三角的苏州、无锡等城市的跨国公司大多数是通过建立子公司进入产业集群的；二是合作生产，跨国公司通过合资、控股等方式设立生产，可以获得本土化资源和生产要素，转移成熟技术和进入对象国市场。例如，珠三角的东莞、顺德等地，多数跨国公司是通过建立合作公司进入产业集群的。三是重组并购，跨国公司可以获得先进技术、资源、人才及其他生产要素，迅速占领本土市场或扩大市场占有率，进入产业集群。

马歇尔将产业集群分为：马歇尔式工业区、轮轴式产业区、卫星平台式产业区、国家力量依赖型产业区。在这几类产业集群中，跨国公司均发挥着重要的作用。在马歇尔工业区中，产业集群由当地的中小企业网络构成，跨国公司没有直接进入当地的生产系统，但这些中小企业网络服务的对象却大多是跨国公司。跨国公司将其非核心业务外包给这些企业，由当地的企业进行生产，而跨国公司也及时将外界的各种信息传递给当地产业集群内的企业，将产业集群纳入到全球的生产网络。外部环境的变化、市场需求的变化通过跨国公司需求信息的变化反馈到地方产业集群，一定程度上又促进了产业集群的创新和升级。

在轮轴式产业集群和卫星平台式产业集群中，跨国公司对于产业集群网络的开放具有更为突出的作用，跨国公司直接参与到当地的生产系统，促进了产业集群网络的形成。跨国公司在当地投资设立的机构是跨国公司全球网络的一部分，与公司内其他机构保持着紧密的联系，尤其是公司的总部、研发部门。通过这种联系，跨国公司内部和彼此之间的人才、资金、技术、设备的流动将使得本地的产业集群与外部环境和全球经济紧密联系，而跨国公司全球生产网络是存在等级差异的，这也客观上造成了不同产业集群所处的地位不同、全球分工不同。一些产业集群成为高科技产业集群，而另外一些产业集群则成为中低端加工制作基地（从该角度来讲，跨国公司也是促进产业集群间形成互动网络的动力之一）。

（四）产业集群与区域创新体系

装备制造产业集群网络外部功能的另一个主要表现是产业集群和区域创新系统之间的良性互动。作为技术密集型产业，创新对装备制造业的发展尤为关键，二者存在着极为密切的关联。两者既存在诸多的相同点，也存在着较多的区别，对二者的含义进行梳理，能够更好地理解装备制造产业集群网络功能发挥的深层次内涵。

就相同点来讲，装备制造产业集群网络和区域创新系统都十分重视内部企业的知识创造和彼此的扩散，通过共同的“学习机制”，来促进集群网络内和区域系统内的创新。就二者的差别而言，装备制造产业集群网络是一个空间概念（随着网络范围的扩大，集群网络逐步向无边界集群演变），研究的重点在于集群内企业、中介和行业协会等机构的集聚，以及由此引发的不同主体之间网络的形成和创新。而区域创新系统则强调整体的系统，重在系统内不同主体之间的网络互动所引起的创新。前者的逻辑是集聚——形成网络和创新；后者是网络形成——促进创新。后者更注重分析系统内不同主体之间的互动，其目标是作为一个网络组织来提高整个区域的创新能力，并增强竞争力。总之，装备制造产业集群网络功能的发挥是以集群内部网络结构的优化为基础的，而集群网络结构的优化与区域创新系统具有紧密的联系。

我国学者陈柳钦认为二者存在以下几种关系；一是在地域范围内存在密切的关联。产业集群按照定义来讲，是一个同一产业价值链不同环节的众多企业、中介组织、行业协会、大学、科研机构和政府等多个主体在某一区域内的集聚。它对于一个区域经济的发展起着极为关键的作用，是一个区域经济发展研究的问题。而区域创新系统顾名思义，研究的重点也主要集中在区域经济发展。就现实的具体表现来看，装备制造产业集群一般都位于某一个区域范围之内，成为区域经济发展的支柱。从结构上看区域创新系统，是产业集群重要的组成部分和主要载体。一定程度上，产业集群网络功能的发挥，本身也是促进区域创新系统形成和发展的过程；区域创新系统的发展，则进一步提升了装备制造产业集群网络对各类资源的凝聚、配置和整合能力，从而更好地发挥其正向外部性。

二是从二者的结构来看，装备制造产业集群内不同主体之间存在着三维互动关系：分工网络、交易网络和社会网络之间的两两互动。三个子网络内的不同主体如企业、研究机构、政府等存在着相互依存的关系。区域创新系统内的不同主体也存在着互动的关系，如果把装备制造产业集群视为区域创新系统载体的话，则两者的关系更为紧密，集群网络的不同层次本身也是区域创新系统内的不同层次。

三是在功能上，二者能够实现有机的协调和整合，提升集群网络对资源的整合能力。装备制造产业集群网络对外部资源的获取、凝聚、配置和整合能力，很大程度上依赖于集群网络内创新网络的建立。通过促进信息和知识的频繁流动，提升集群内不同网络之间、网络内不同主体之间的互动水平。因此，区域创新系统的有效建立和发展，对于促进集群网络功能的发挥起到十分重要的作用。

三、装备制造产业集群网络结构和网络功能的互动

装备制造产业集群内部网络结构和网络功能的发挥离不开二者的互动。一方面，内部网络结构的优化能够提高产业集群作为一个资源集聚体的吸引力和凝聚力，从而为网络功能的发挥奠定坚实的基础；另一方面，网络功能的发挥，能够在全球区域内吸纳资源，使得外部资源不断进入产业集群的分工网络、交易网络和社会网络，从而增强了集群发展的活力，有助于克服集群发展的诸多风险。从这个层面上来讲，内部结构优化和网络功能的发挥是互为因果的关系，二者的互动是装备制造产业集群竞争优势的最根本来源。

（一）互动的本质：地域化和全球化的互动

装备制造产业集群的内部网络结构和网络功能发挥，从本质上来讲是产业集群发展中的地域化和全球化的问题。网络结构优化和网络功能发挥之间的互动能够有效地实现装备制造产业集群对当地资源的集聚和全球资源的吸纳利用，从而使得自身获得可持续发展的最根本动力。

装备制造产业集群网络结构内不同网络之间的互动是指产业集群的具体区域内不同行为主体间的正式和基于血缘、地缘、业缘的非正式联系，主要包括分工网络、交易网络和社会网络之间的互动，其目的和结果是形成产业集群区域内社会文化和制度动态性产生的创新氛围（如图 7-3 中 I

和Ⅱ)。装备制造产业集群网络功能的发挥是在全球化的视角下，大量的产业集群间、产业集群与区域外经济行为主体的生产、贸易、技术、信息、文化的联系和交流，能把装备制造业产业链的不同环节，在地理区域集聚基础上实现组织的整合、产业整合(如图 7-3 中Ⅲ)。不同的产业集群地域化与全球化互动程度不同，可用四个象限表示(如图 7-4)，只有实现地域化和全球化的高度互动才能拥有核心竞争力，并控制全球产业态势。

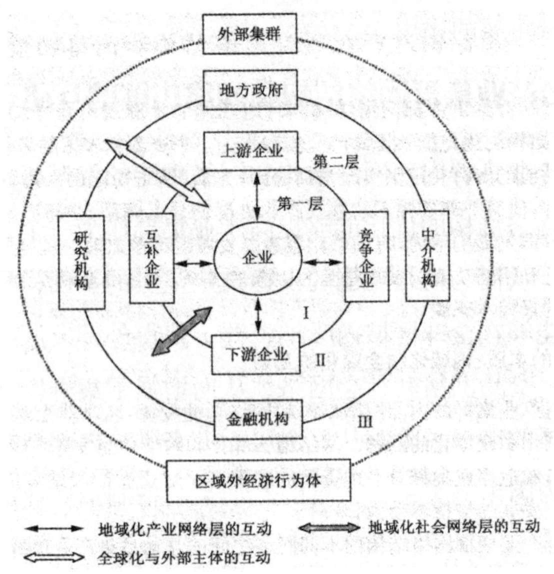

图 7-3　集群网络结构和外部性互动的类型、模式和层次

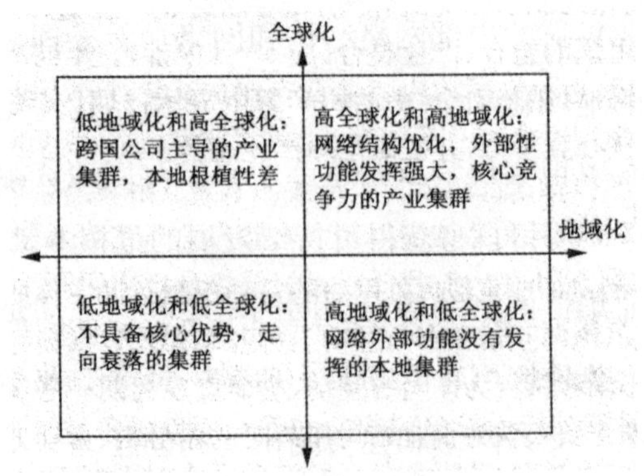

图 7-4　全球化和地域化互动的层次

（二）互动的模式

总的来看，装备制造产业集群内外网络的互动根据互动主体所处价值链环节的不同可以分为横向互动、纵向互动和多角互动三种互动模式。横向互动是指处于产业价值链的同一环节的不同经济行为体间的互动，主要表现为同一层次企业之间的竞争与合作关系。竞争关系主要表现为企业之间在共同的原材料、劳动力以及产品市场上的竞争；合作则主要体现在共同创造市场，以及装备制造产业集群整体品牌的培育和维护方面。纵向互动是指处于产业价值链不同环节的经济行为主体间的互动，在价值链始端表现为生产商和供应商的联系，在价值链末端则表现为生产商与用户之间的交流。企业必须积极与消费者互动才能了解他们的真正需求，从而培养消费者对企业的忠诚度。多角互动指的是基于地方政府、高校、研究机构、中介机构等提供的平台展开的处于价值链各环节的经济行为主体以及与它们之间的一种互动模式。

（三）互动的层次

在装备制造产业集群内外互动的所有主体中，集群内核心企业的地位尤为关键，因为装备制造业产业性质比较特殊，对规模、技术、创新等有较高要求，大型装备制造企业集团是未来装备制造业竞争的主体。从这个角度出发，我们把核心企业与非核心企业之间以及核心企业与其他行为主体之间的互动分成地域化产业网络层的互动、社会网络层的互动和全球化与外部主体的互动三个层次。前两个属于集群网络结构优化问题，后者属于集群网络功能发挥的问题。地域化产业网络层的互动是指装备制造产业集群内企业与上下游企业、互补企业以及竞争企业之间的竞争与合作。地域化社会网络层的互动是指装备制造产业集群内企业和地方政府、高校、研究机构、中介机构以及金融机构之间的知识、信息、资源的传递。而全球化与外部主体的互动是指装备制造产业集群内部经济行为体特别是核心企业和区域外部的经济行为主体基于全球产业价值链展开的合作与交流，如美国硅谷产业集群间的技术交流、人才流动等。

（四）互动的机理

根据装备制造产业集群网络结构内主体彼此联系的紧密程度和网络外部性功能的发挥程度，可以将其互动的作用机理划分三个层面：企业之间的网络作用机理，它属于产业层面的；企业和研究机构、政府、中介机构之间的网络作用机理，其属于社会网络层面；集群内部和外部环境的网络作用机理（如图 7-5）。

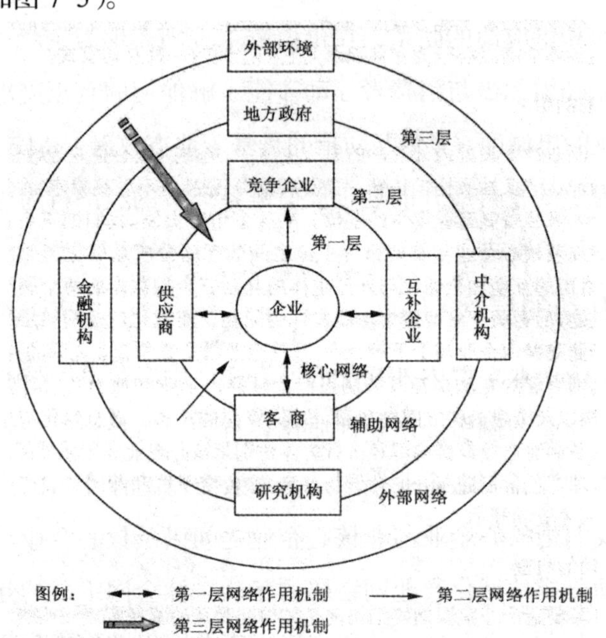

图 7-5　产业集群网络结构和外部性互动的作用机理

1．产业层面的核心网络

核心网络主要是指装备制造产业集群内部网络内企业之间的相互作用，表现为两种形式：水平关系的网络和垂直关系的网络。后者是指处于产业链不同环节的企业在整个链条的互动关系，在产业链上端的生产企业和供应企业，可以利用地理临近性的特点，降低运输成本和交易费用。一方面供应企业主动参与到生产企业的生产全过程，努力降低原材料的成本，另一方面生产企业通过增加订单来提高供应企业从事产品创新和降低成本的积极性，两者形成良性的互动网络。在产业链的末端，表现为生产企业和消费者之间的联系和互动。

在竞争日益激烈的今天，装备制造企业必须高度重视消费者的需求，提升其对自身产品的依赖度和忠诚度。前者是指集群内部网络中的知识和信息在企业间的水平流动，它促进了企业之间的竞争和合作。一方面，在集群内部网络中，众多同类企业集聚在一起，处于价值链同一环节企业之间的竞争不可避免，这种竞争迫使企业不断创新，构建自身独特的竞争优势，提高自身竞争能力。从这个角度来说，竞争已经成为集群网络内企业持续创新、不断进取的动力，也是整个网络发展的活力源头之一。另一方面，集群网络内的企业之间也存在较多的合作关系，它包含两个方面：一是同类企业之间的互补合作关系，二是硬件企业和软件企业之间互补合作关系。这种合作关系更多地表现为对整个集群网络的市场创造、品牌（区域品牌）维护等。

2．社会层面的辅助网络

辅助网络是为核心网络服务的，其主体主要包括四类：研发机构、政府、中介机构和金融机构。它们不直接从事生产，主要为核心网络内的企业提供技术、人才、资本以及培训等服务。各个主体的服务方式主不同，例如研发机构的服务主要体现在对集群网络内企业人员的教育和培训、合作研发等；政府的服务则在于营造一个有利于装备制造产业集群发展的良性环境，促成集群内部网络和外部网络的构建和有机互动；金融机构的服务在于为集群中新企业的设立和发展、原有企业的发展提供金融支持。通过设立地方政府直接担保制度，风险由政府和银行分担，建立中小企业担保贷款的信用保证制度，对符合产业政策、有较好社会利益的企业加大扶持力度，鼓励设立产业集群的中小企业发展基金和风险投资基金。

3. 网络结构和功能发挥互动的作用

同集群网络内部行为主体之间的互动相比，集群网络功能的发挥，有利于集群和外部环境之间的信息、知识和资源的传递，对于保持产业集群网络的可持续发展更重要。

一方面，在经济全球化的今天，国际装备制造巨头构建全球生产网络，根据产业链的分工在全球范围内进行资源整合。在此背景下，国与国之间、不同区域之间的专业化分工不断加强，集群通常只能完成全球产业链中的一部分环节。因此，产业集群需要加强与外部网络的交流和合作。另一方面，装备制造产业集群网络结构和网络功能发挥的互动能够提升集群活力，提高动态发展能力，防止集群网络出现“锁定”现象，无法和外界环境建立系统有机的联系。该层面的作用强大，但由于各区域、各个国家均有其自身的利益，装备制造产业集群网络结构和网络功能互动的作用发挥无法像内部网络那样方便，在实践中难度较大。

四、装备制造产业集群网络功能的实现：全球生产网络的构建

目前，国际装备制造产业集群的发展环境发生了较大的改变。一方面国际边界的模糊，出现了国际竞争国内化、国内竞争国际化的趋势，竞争日益激烈；另一方面竞争的重点也由以前的“点”向“产业链”“生产网络”演变，其实质是企业对资源的整合能力成为发展的核心。全球生产网络能够凝聚资源，提升生产体系效率，成为国际装备制造业未来竞争的重点。随着电子信息产业的发展，模块化在装备制造业中得到广泛的运用，从技术和组织上为全球生产网络的形成提供了可能。GE、西门子等国际装备巨头在全球进行产业布局，构建全球生产网络，试图在未来的国际竞争中占有更大的优势。

全球生产网络的构建为我国装备制造产业集群网络功能的发挥提供了可行的路径和选择。

（一）装备制造产业集群全球生产网络内涵界定

目前，全球生产网络并没有一个统一的定义，其原因在于不同产业具有不同的特征，其全球生产网络的构建模式和路径不同。装备制造业本身具有特殊的产业属性，在技术层面上表现为任务的复杂性与技术的可分解性，产品构成复杂，最终产品的组装性和集成性非常强；在经济层面表现为规模经济、市场容量约束与较高的资产专用性。全球生产网络空间集聚特征明显，产业价值链呈现出网络状特征。

1．全球生产网络的技术基础——模块化

“模块”是指半自律性的子系统，通过和其他同样的子系统按照一定的规制相互联系而构成的更加复杂的系统或过程。将一个复杂的系统按照一定的联系规制分解为可以进行独立设计的半自律性的子系统的行为，即为“模块分解化”。按照某种联系规制将可进行独立设计的子系统统一起来，构成更加复杂的系统或过程的行为即为“模块集中化”。模块的分解和集中构成模块化。装备制造业全球生产网络中处于不同结点的企业均按照统一的标准进行生产，即模块化标准在全球范围内进行分工和整合，一个必然的前提是技术标准的统一。

2．全球生产网络的组织基础——企业网络

随着经济全球化进程的加快，装备制造业出现了“国内竞争国际化，国际竞争国内化”的现象，企业之间生产、竞争的边界日益模糊，企业网络的出现为全球生产网络的构建奠定了组织基础。企业网络的核心可以理解为企业之间的协调机制，即拥有不同资源的企业，通过某种协调机制围绕一个产业链的不同价值环节进行分工。它们彼此之间地位平等，具有长期稳定的合作关系和共同的最终利益。装备制造业的产业特性决定了其发展的企业网络是以龙头企业为主导的网络格局。

3．全球生产网络的实现——产业网络

国内外学者对产业网络的研究成果很多，Hakansson（1992）和 Carlos

(2001)分别研究了产业网络的演进及其动态组织结构;国内学者罗一鸣、毛力平(2006)[①]、郑如霞(2006)[②]从不同侧面研究了产业网络。随着企业网络的发展，逐步突破了地域界限、国别界限、产业界限，最终形成一个包含产业价值链上不同的行为主体之间或者不同产业主体之间的立体式交叉网络，即产业网络。装备制造产业网络主要包含三层：一是装备制造龙头与中小企业的网络；二是跨行业的大企业之间联盟形成的网络；三是装备制造企业与其他经济要素的网络。

综合装备制造产业特征，把全球生产网络界定为装备制造业内龙头企业控制主导的、在全球范围内进行产业链的分工和整合，凝聚全球资源，提升整个产业链效率而形成的立体、复杂、交叉网络。它包含了装备制造业的研发设计、生产制造、物流配送、营销及品牌管理等方面，其发展是一个渐变的过程。

(二) 装备制造产业集群全球生产网络构建的三维分析

1. 装备制造产业集群全球生产网络构建微观分析

跨国公司是装备制造产业集群全球生产网络中的主体，当前，全球的跨国公司控制着 60%以上的国际贸易额，80%以上的新技术、新工艺和专利。据统计，2011 年世界 500 强中美国有 84 家、日本 68 家，其中 1 / 4 是装备制造企业，例如通用电气、福特汽车、丰田汽车公司等。装备制造业中的跨国公司在国际分工中定位于高端装备制造业，引领装备制造业发展趋势，是装备制造业国际转移的主导者。

跨国公司的全球战略促进全球生产布局，跨国公司在全球范围进行国际分工和整合，使得装备制造业出现“国际竞争国内化，国内竞争国际化,，现象。跨国公司面对日益激烈的市场竞争，转变发展模式，在全球和区域范围内采取复合一体化战略。按照竞争优势的不同在全球范围内进行产业链布局，除生产环节外，纷纷把研发、物流、创新等价值环节和当地有机

[①] 罗一鸣，毛力平．产业网络的 CAS 模型[J]．商场现代化，2006，(3)：98．
[②] 郑如霞等．产业网络合作关系决定因素研究[J]．生产力研究，2006，(10)：189-190．

结合，谋求全球战略资源，实现协同效应。而众多子公司分布于价值链的不同环节，和母公司进行垂直、水平或网络分工，充分利用全球各地的竞争优势，提升产业链效率。例如，为利用中国长三角的土地、劳动力等要素优势，世界装备巨头企业久保田株式会社于 2012 年 6 月与无锡新区签订协议，在无锡设立小型挖掘机项目，达产后形成 1.4 万台的年生产能力。

跨国公司生产方式改变形成全球生产网络，装备制造业产业链条长，全球不同区域内对装备制造产品的需求不一样，这就要求跨国公司能够根据不同客户的需求来进行产品的定制。“模块化”在装备制造业中的应用使得跨国公司的生产方式发生了改变。按照模块化原理，处于装备制造产业链不同环节、不同区域（国家）的企业，遵循共同的设计规则和技术标准，在各自子模块上进行创新，使得生产的产品既有基本一致的标准，又有各自的特色，装备制造中的龙头企业可以根据市场上客户的需求：在全球范围内进行模块整合，形成多样化的最终产品。至此，由跨国公司主导的全球生产网络微观基础形成了。

2. 装备制造产业集群全球生产网络构建中观分析

产业集群化是装备制造业发展趋势，新兴电子产业的发展，使得装备制造业的产业结构发生了根本性的变革，出现了“模块化趋势”，进一步细化和深化了产业分工，通过纵向和横向维度的价值链多种协作，出现了产业集群。产业集群能够集聚相关资源，深化分工，强化产业关联和协作，降低交易成本和创新成本，通过优化产业组织结构来提升装备制造业的竞争优势随着国际装备制造业的转移进程加快，规模扩大，尤其是模块化的运用，使得装备制造业的产业链内分工日益深化。如果没有能对本地资源和外部资源形成一个有效的凝聚和整合，装备制造业就无法吸引国际产业转移，而产业集群化是凝聚和整合相关资源的有效载体和途径。

产业集群是构成全球生产网络的重要载体，装备制造业集群是指在装备制造业中，某一类或几类装备制造行业的龙头企业，自身主导产业链关键环节，和产业链中其他环节的众多中小企业及相关机构，包括高校、科研院所、政府等在空间上或组织上集聚，彼此共同围绕一个产业链进行分工和协作，最终形成介于市场与科层组织之间的、拥有持续竞争优势的区域经济形态[①]。

一方面，产业集群化可以为装备制造业的发展凝聚自身的研发机构和必需的高科技人才团队，研发培养高新技术并转换为生产力。另一方面，通过产业集群化可以避免单一企业在国际市场开拓的不足，能够凝聚更多资源，形成优势互补来提升综合竞争力，带动本地经济社会和其他产业的发展，在国际市场竞争中占有一席之地。

产业集群适应“产业网络”竞争需要，全球整合资源，产业集群和跨国公司相比，能够更有效地凝聚、整合本地资源。信息化的发展使产业集群发展的规模越来越大，地理边界日益模糊，产业向“无边界集群”演进。尤其是集群内龙头企业通过自身的全球网络为集群和外界的沟通搭建了桥梁。

经济全球化的发展使得装备制造产业集群成为国际分工的重要组成部分，而对集群发展更为关键的是在凝聚、整合内部资源基础上，能够获取外部资源，并根据外部环境的变化来调整所需资源，整个集群能够有效地嵌入到全球生产网络中去。具体表现为集群内的装备制造龙头企业，通过对集群内外的模块进行整合，提升自身优势，引起其他企业进行模仿和创新，出现集群的整体产业链超越地域空间的局限，在全球范围内集聚在价值链的核心环节，使得产业集群的分工超越区域、国别范围，逐步嵌入到全球生产网络，在全球范围内整合资源。

3．装备制造产业集群全球生产网络构建宏观分析

装备制造业对于我国来讲属于战略性产业，是我国工业经济发展的“发动机”，关乎国家产业安全。其独特的产业属性和经济属性要求国家对其具有控制力，国有企业将在全球生产网络构建中起主导作用。在全球化时代，

[①] 王发明，蔡宁，朱浩义．集群网络结构和风险研究[J]．中国地质大学学报，2006，(6)：22-26．

如何处理好产业安全和国家控制的力度就成为全球生产网络构建中的重心。

国际装备产业转移的机遇和风险并存，国际装备巨头全球生产网络的构建一方面为我国装备制造业承接国际转移提供了机遇，另一方也带来产业安全问题。目前国际装备制造巨头在产业链分工中占据价值链高端，我国装备制造企业总体实力不足，以价值链低端为主。同时，在装备制造并购中，我国国有装备品牌不断消失、核心技术被外资控制，在未来竞争中处于不利地位。例如，2010 年 8 月 5 日，世界第三大工程机械制造商美国特雷克斯集团收购拓能集团工程起重机制造部分 65%的股权，成为其起重机制造的控股方。特雷克斯集团大大充实在华的产品线，并进一步完善生产布局。它已经成为在华从大型港口起重机、履带式起重机到中小型汽车起重机的全方位成套解决方案供应商。生产规模更大、技术条件更优、配套能力更强的国际装备产业巨头在中国生产布局清晰可见。

在装备制造产业全球竞争中，政府的作用毋庸置疑，装备制造业作为实现工业化的必备条件，关系到新兴技术发展和国家产业安全，更决定了我国在国际产业分工中的地位。许多发达国家采取多种措施支持装备制造业发展，例如新加坡政府把装备制造业和服务业视为拉动经济增长的“双引擎”，日本政府设立了“尖端制造技术研究中心”，法国政府制定的核电等装备制造产业发展计划等。我国“装备制造业调整和振兴规划”的颁布，从战略上确定了该产业的地位。

（三）我国装备制造产业集群全球生产网络构建路径

我国装备制造产业集群地位独特、作用关键，面临新的国际竞争环境，需要基于我国的实际情况和国际装备竞争重点的演变，循序渐进，来选择国际生产网络的构建路径。

1．由“点”到“链”——打造国际装备制造龙头企业

跨国公司是目前国际装备制造竞争的主体，我国装备制造业虽然取得

了较大的成绩，但目前缺乏国际性的装备制造龙头企业。以电气电站行业为例，上海电气集团和东方电气集团的国际化发展不足，和GE、西门子相比，在效率、市场、技术上仍存在较大差距。模块化的应用为我们提供了机遇，一方面通过模块化的分解和整合，在全球范围内寻找成本最低的模块制造商，外包低附加值模块，专注发展核心模块并强化企业在核心模块上的控制地位，使核心模块的附加价值持续获得提升，在“点”LE占据优势，进而在产业价值链中的超额利润分配中获得更为优势的地位；另一方面基于要产业链竞争的趋势，拓展产业链价值，由“点”到“链”，构建完整的价值链，并进行产业链整合，提升产业链效率，打造具有国际影响力的装备制造龙头企业。

2．由“链”到“网”——形成具有国际竞争力的装备制造产业集群

发挥装备制造龙头企业的作用，根据各地的产业基础和发展规划，拓展装备制造业产业链条的幅度，由“产业链”向“产业网络”演变，最终形成横向、纵向交叉的复杂的立体网络。目前，我国装备制造产业集群主要有辽宁装备制造产业集群、上海高端装备制造产业集群、上海汽车产业集群等，这些集群需要进一步使其内部的网络结构清晰化，发挥外部网络功能，有效地凝聚本地和外部相关资源，形成内部网络和外部网络的有机互动，从而形成核心竞争力。

3．由“网”到“网”——构建全球生产网络

装备制造产业集群通过内部网络不同层次之间的互动，有效地凝聚、整合本地资源，并“网”上运营，以模块的分工和整合为技术和组织上的基础，构建全球价值网络。一方面，要密切关注国际装备制造市场的发展环境和未来趋势，基于自身的优势，向外积极拓展，寻找合适的战略合作伙伴，采取参股合资、战略联盟等多种方式，和外部模块供应商建立稳定的多赢合作关系。另一方面，实现“网络”升级，由“网”到“网”，不断扩大和模块供应商的合作网络的幅度和深度，构建多层次的立体式合作网络，搭建分工合作、优势互补、共同生存的全球价值网络，从而实现内部网络和外部网络的有机互动。

我国装备制造业关乎产业安全，其全球生产网络的构建和运营，也需要政府的推动和支持。通过打造国际性的企业、国际性的集群来实现装备制造业的振兴，为我国经济社会的发展承担起应有的责任。

第二节　装备制造产业集群的网络风险

一、一般视角的产业集群风险研究

（一）国内外相关研究的主要领域

目前国内外对产业集群风险的研究成果比较多，研究视角也比较宽，笔者经过对现有成果的梳理，认为一般视角的集群风险的研究主要集中在以下几个方面。

1．从风险产生根源来研究产业集群风险

马歇尔在《经济学原理》一书中，首先分析了产业集群竞争优势的来源，认为产业集群竞争优势来源于集群的规模经济效应，具体表现为：提供协同创新的环境、共享辅助性服务产品和专业化劳动力市场。由于集群内不同主体同属一个协同创新的环境，出现的新技术、新思想能够很快在产业集群内得以传播和应用，流通速度很快，并成为推动集群发展和地区经济发展的持续动力。这样，不仅产业集群内部企业会快速发展，而且还会吸引越来越多的企业进入产业集群内部来分享经济外部性，使得产业集群的规模变大。

随着产业集群的规模越来越大，一旦产业集群内的企业数量超过一定限度，土地、资本和劳动力价格就会上涨，逐步失去对内部企业和外部企业的吸引力，即集群作为一个组织形式丧失了对自身发展所需资源的凝聚、整合能力，就会制约产业集群内企业的进一步发展，产业集群本身也会开始衰落。

此外，在创新方面，如果规模过大，对创新成果的维护变得越来越困难，会有更多的企业选择“搭便车”的行为，而不是加大投入去创新，产生了“创新惰性”，产业集群的创新能力大大降低，使得产业集群在低水平的生产中徘徊不前。学者韦伯则从区位理论来研究产业集群的形成原因，认为产业集群形成的根本在于寻找成本最低的区域，最终形成由一个产业主导的产业集群——马库森所称的轮轴式产业区。这种模式优势和劣势一样明显：优势是成本低，劣势是抗风险能力较弱，简单说，就是“一荣俱荣”和“一损俱损”。

美国学者萨克森宁通过对产业集群具体案例的研究分析了产业集群风险的产生根源。她通过对地理位置接近、技术相似的硅谷和 128 公路地区高新技术两个产业集群的比较研究，认为两个产业集群虽然都属于高新技术类型，但硅谷发展十分顺利，而 128 公路走向衰落，其根本原因在于两个集群内的社会文化和制度等因素的差异。硅谷内的创新文化和冒险文化使得其充满活力，尤其是模块技术的应用，形成了“赢者通吃”的竞争格局。

2．从产业集群本身的因素来分析产业集群风险

德国学者格拉伯赫（Grab Her，1993）对德国的著名产业集群进行了实际的研究。他通过对鲁尔工业区产业集群的分析，发现该产业集群存在严重的锁定效应和路径依赖，这两个方面导致该区域的整个产业集群普遍陷入低效状态，对市场变化的反应能力不强，无法应对外部环境的变化，最终走向衰落。波特教授从产业集群本身的因素入手，认为产业集群发展过程中的风险可以从内部因素和外部因素来解释。前者的风险主要来源于集群内部体制的僵化，无法适应变化的外部环境，尤其是创新方面的不足，导致了产业集群的生产效率低下和创新活力的缺乏。

另一方面，产业集群内企业之间的兼并重组过度，也导致了集群内企业之间的竞争不够充分，再加上集群内的其他主体如中介组织、政府、科研机构的体制不够灵活，均使得产业集群的发展出现阻碍。对于外部因素，波特认为主要有两个方面：一是产业集群外部的客户需求发生了变化，这对产业集群提出了较高的要求，要求其机制灵活，适应市场的需求；二是随着集群规模的扩大，对集群内的要素如土地、原材料等的需求大幅度上升，在供给不变的情况下引起要素的价格上升，从而导致产业集群的整体成本上升，逐步失去竞争力。

具体来讲，专业化分工在促使产业集群内企业以最优规模进行生产的同时，却提高了产业价值链纵向各环节的资产专用性，从而降低了企业和整个产业集群对环境的应变能力。地理空间上的临近性在促进产业集群组织学习的同时，也促使产业价值链横向各企业的战略趋同，往往造成产业集群内部激烈的恶性竞争，甚至出现“劣币驱逐良币”的“柠檬市场”现象。产业集群内企业以及辅导性机构之间密切的相互关联在降低了企业交易成本的同时，也逐渐演变为一个封闭自守的系统结构，从而使整个产业集群不能迅速地与外界进行信息、能量的交换，对外部环境的应变能力也在不断减弱。协同与溢出效应在促使产业集群获得外部经济性的同时，也滋生这产业集群内的创新惰性，从而严重地削弱了产业集群的创新能力，阻碍了产业集群的进一步演进[①]。

（二）对现有研究领域的评析

但对于外部风险来说，周期性风险的特征是突发的、不能人为控制的、外部因素波动引起，但产业集群本身对于外部的经济环境变化具有一定的抵抗能力和灵活应对能力。从某种程度上来讲，产业集群可以通过加强对外部环境的联系，提高应对能力来规避（至少部分规避）周期性风险。结构性风险重于产业本身的发展生命周期，但对于产业集群的创新作用研究不足，没有真正认识到技术创新、组织创新对于产业集群生命周期所带来的变化，它可能大大延伸产业集群的生命周期，无限期地推延衰退阶段的到来等。具体来讲，现有的产业集群风险研究仍然存在以下不足：

① 吴晓波，耿帅．区域集群自稔性风险成因分析[J]．经济地理，2008，（4）：726-730.

1．对产业集群风险产生的根源分析不够深入

无论是周期性风险的外部经济环境波动，还是结构性风险的区域产品生命周期，都无法从根本上解释产业集群风险的产生原因，它们只是引导产业集群走向衰败的诱发性因素，或者说是外部因素，而非根本性成因。结构性风险理论基于区域产品周期理论，将产业集群风险的产生原因归结为区域内产品生命周期的完结，由于它没有考虑到技术创新对产品生命周期的影响，在很大程度上反映出该理论研究的静态性缺陷。如果考虑到产业集群内创新体系后，尤其是技术创新对集群发展的功能后，将产业集群风险归结为区域产品生命周期的变化显然是不成立的。周期性风险理论将产业集群风险的产生原因归结为产业集群无法适应外部经济环境的变化，这在逻辑上是说不通的。该分析对于产业集群本身作为一个组织形式所具有的抵御风险能力忽略不计。事实上，产业集群作为一个企业和市场之间的中间组织，能够吸纳二者的优势，本身具有较强的适应外部环境变化的能力。虽然产业集群对外部环境变化不能控制，但通过提高自身的应变能力和机制的灵活性，即使不能完全也在很大程度上可以规避周期性风险。

2．在研究方法上，缺乏量化分析

在研究方法上，现有研究没有摆脱传统的经济学方法，研究的手段主要有两个方面：一是运用传统经济学的理论工具来分析，即运用产业经济学和区域经济学理论工具从宏观角度来讨论产业集群发展的风险；二是从产业集群内的微观主体——企业行为来进行研究，对于产业集群发展风险的量化分析不足。同时，在网络时代的背景下，产业集群的发展日益表现出全球化的特征，这也使得产业集群的发展过程中所面临的风险日益复杂。

3．缺乏针对装备制造业集群风险的分析

装备制造业集群既具有一般产业集群的共性特征和发展风险，也具有自身的产业特征。由于装备制造业在我国的地位关键，是“工业的心脏”和制造业的核心，不仅为国民经济各部门提供其发展所需的技术装备，也是维护

国家安全和提高国家综合竞争力的战略产业。现有的研究主要对装备制造业地位和作用分析较多，对于其风险研究重点集中在装备制造业的产业安全等外在风险，而对于装备制造业集群自身的发展风险相对不足。事实上，和其他产业相比，装备制造业自身风险及国家政策对其发展的影响更大、更深。

二、网络视角的装备制造产业集群风险研究

现有研究中从网络视角对产业集群风险的分析相对比较少，喻凯、周小阳（2008）认为产业集群的外生性风险（结构性风险和周期性风险）是产业集群衰退的诱因，产业集群的风险来自于其“自稳性”，即产业集群竞争优势的来源同时也是其风险产生的根源。他们得出结论：产业集群风险的“自稳性”过程中产生的网络性风险才是产业集群走向衰退的根本性风险，即产业集群的内生性风险①。蔡宁（2003）认为，产业集群的网络性对其发展来说是一把“双刃剑”，一方面产业集群的网络性能够促进产业集群内不同主体之间的合作和产业集群内知识和信息的流动，提高创新的效率；另一方面也易导致产业集群发展的锁定效应，即产业集群的发展主要局限于本地网络，外来的企业加入该网络会受到一定的阻碍，无法吸收新鲜血液的进入，最终影响产业集群的可持续发展②。

在前人研究成果的基础上，从网络视角来看待装备制造产业集群发展的风险，并且处理好集群的不同风险之间的关系，装备制造产业集群风险的治理是重点。具体来讲，网络视角的装备制造产业集群风险主要表现为：

（一）装备制造产业集群网络稳定性与投机行为的矛盾

装备制造产业集群的可持续发展需要一个稳定的网络环境。这必然要求集群网络中的各个主体的活动及其相互影响具有稳定性。

① 喻凯，周小阳．企业集群的风险成因及其规避[J]．企业研究，2008，（9）：77-79．

② 蔡宁，杨闩柱，吴结兵．企业集群风险的研究：一个基于网络的视角[J]．中国工业经济，2003，（4）：59-64．

对于装备制造产业集群的内部网络来说，集群网络内企业的机会主义行为和“搭便车行为”是破坏集群网络优势和削弱网络力量的重要原因。一方面，一些企业目光短浅，追求短期利益，在实际行动中“赚一把就跑”，对整个产业集群的利益带来威胁。例如，产业集群内的个别企业以劣质产品投入市场，这样自身可以降低成本，但可以以正常价格出售，在信息不对称的条件下，其带来的负面影响则由产业集群内所有企业共同承担，从而损害了整个产业集群区域品牌的形象。另一方面因为创新的投入高、风险高，尤其是一些中小企业不愿意投入资源搞自主创新，而是选择“搭便车”，一味模仿新产品，结果造成产业集群内企业的产品雷同现象严重，一旦外部的需求发生变化或外来的竞争加剧，则低水平的价格战必然爆发，导致整个产业集群利益受损。

在经济全球化的背景下，装备制造产业集群网络容易受到外部因素的影响和冲击，这就要求装备制造集群网络主动去适应、融入外部环境，跟上国际经济发展潮流。

（二）装备制造产业集群网络的开放性与边界效率的矛盾

装备制造产业集群作为一个网络组织，具有较高的开放性，尤其在经济全球化和信息化的背景下，和外界的联系日益密切。装备制造产业集群由于其网络功能的发挥，使得其具有较高的竞争力，这也就吸引了越来越多的企业愿意加入到该集群网络内，成为业集群网络内的一员。这也是集群网络不断扩大完善、引入新鲜血液、提高可持续竞争力的核心因素之一。但这并不意味着产业集群网络是无限开放的，它虽不具有法律上的组织性和管理边界上的确定性，但也存在一个最佳规模。一旦超过这个规模，进入企业的增加引起土地、劳动力等生产要素价格的上涨，会加大企业成本，集群网络的成本优势下降。如果这个网络过于庞大，还会导致“柠檬市场”，出现拥挤效应，过度竞争和恶性竞争将在所难免，最终将毁灭整个产业集群。因此，如何界定该企业网络的边界，以及如何把握好开放性和边界之间的度，避免出现“公共地悲剧”，对于装备制造产业集群的可持续发展尤为重要。

现有的研究一般是通过企业进入该产业集群网络的收益和成本的比较来判断企业是否进入。这种方法虽然比较简单、直接，但毕竟笼统，在实践中无法得到真正的应用。从以下两个方面对装备制造产业集群的边界做出分析。

1．资产专用性与装备制造产业集群网络边界

资产专用性的高低影响到产业集群网络的边界。我们知道，所谓资产专用性，是指一种资产被其他使用者用于其他可供选择的用途而不牺牲其生产性价值的程度。资产专用性程度的越高，双边依赖的程度随之提高。装备制造业属于资本技术密集型产业，资产专用性较高。随着产业集群内企业对交易专用性资产投资的增加，企业之间彼此的交易对象就会变得重要。其原因在于资产专用性的存在，使得企业转换交易对象的成本增加，即如果把专用性资产重新配置给新的交易对象，来代替原来的交易对象，则该资产的成本将会上升。反之，当资产专用性很低时，企业之间的相互依赖程度比较低，双方通过调整自身的行为，能有效地适应集群内外的环境变化。但随着资产专用性的增强，要求企业做出适应性调整的各种扰动也变得越来越多，其影响也越来越大。这时，企业之间由于意见不一致以及追求私利的讨价还价，不能快速地对外界的变化做出反应，会影响产业集群适应外部环境变化的能力，从而使得产业集群网络的边界不可能无限延伸。装备制造业具有较高的资产专用性，其集群网络边界的扩展受到较多的约束。

2．核心企业能力与装备制造产业集群网络边界

装备制造产业集群作为一种复杂的网络组织，核心企业的地位极为关键。本书认为，由于装备制造产业集群具有较高的资产专用性，一旦企业自身的能力有局限时，则无法突破资产专用性所带来的边界，从而影响了产业集群的网络边界；反之亦反是。遗憾的是，我国的装备制造企业，以上海电气、东方电气等大型企业来讲，虽然在规模上有了很大的提升，但在技术能力、创新、市场拓展方面和 GE、西门子等国际装备巨头有较大的差距，装备制造产业集群

内核心企业能力的不足制约了集群网络边界的拓展，也制约了网络功能的发挥。

3．不确定性与装备制造产业集群网络边界

装备制造产业集群网络边界的大小与所面临环境的不确定密切相关。装备制造产业集群内企业不可能具备自身发展所需要的各种能力，而集群网络的存在，使得不同企业之间可以充分利用对方的能力来弥补自己的不足，通过学习不断更新知识，提高自身能力，这就会扩大集群网络的边界。但需要指出的是，企业在利用外部互补的知识来源时，产业集群内企业与其他企业的能力差别不应过大，以便企业具有能够吸收对方的能力；两者的能力差别也不应过小，否则，企业无法通过与对方的互动获得新颖的知识。通过产业集群内企业间网络，可以协调不同企业之间的关系，增加对外部资源的吸收，这将导致产业集群网络的进一步扩展。

（三）装备制造产业集群网络的根植性和锁定效应的矛盾

装备制造业在我国的经济地位独特，其发展演变过程中主要以大型国有企业为主，和当地的发展具有较强的根植性，例如东北的老工业基地、上海的电气装备制造集群等。这种根植性网络一方面能够降低装备制造企业发展的交易成本，但也易造成外地企业进入不易，可能导致整个产业集群的封闭自守。

装备制造产业集群是建立在“信任”基础上的网络组织，产业集群中企业间网络关系是产业集群可持续发展的本质特征。由于在同一地域的同一网络内的长期合作，产业集群内各主体之间的交易建立在相互信任的基础上，彼此在追求自身利益的同时带有较大的情感与关系的成分。这种建立在信任基础上网络化结构，很大程度上促进了企业间交易的顺利进行，降低了交易成本。但是，当产业集群内企业习惯于在“信任”的网络内交易之后，它们逐渐不想或是不敢与产业集群网络外的企业或机构进行相关交易活动。久而久之，企业集群便成为一个封闭系统（丧失了产业集群网络对外部资源的整合能力）。除了少数直接面对市场的企业外，大多数企业完全在这个封闭系统中运作，使整个产业集群对于外部知识、技术的获取能力以及对于外部环境应变能力不断减弱。

（四）装备制造产业集群网络的松散性和治理主体不明的矛盾

通过以上分析，我们知道装备制造产业集群网络的稳定性对于其吸纳稀缺资源以促进自身的可持续发展尤为重要。但网络关系是一种松散的组织，一方面松散性导致集群网络的不稳定性。集群内的企业与集群外部相关企业联系松散，这在一定程度上降低了企业自身对于技术进步的创新动力和对外界环境变化反应的迟钝。另一方面，集群内企业的集聚原因可能是出于对低成本生产要素的追求，如廉价的劳动力、低廉的土地成本等，而与创新无关，这些会影响到企业不愿放弃现有的技术进行创新。

由于装备制造产业集群网络的开放性和公共性特征，整个集群网络内的企业都能从中共享资源，尤其是产业集群的品牌效应。但产业集群网络内的企业使用区域品牌的成本无法具体衡量，也就无法对其收取费用。其最终结果是产业集群内部企业可以自由地享受品牌带来的好处，而不需要支付任何的费用。如果产业集群网络的区域品牌已经建立，则产业集群内的企业均不愿意投资创立或提升区域品牌的形象。其原因在于企业对该区域品牌不具有专有权，无法排除其他企业的使用，即使出资但不能独自享用品牌的溢价效应，无法形成自己特有的竞争优势。

相反，新进入企业和弱小企业可以利用区域品牌的良好形象，进行掠夺性经营，甚至采取不正当竞争手段，生产假冒伪劣产业。这样，它在短期内可以获得极大的收益，但为此付出的成本则由区域内所有相关企业来共同承担。其结果是最终导致整个产业集群的区域品牌受到损害，形象遭到破坏，严重的甚至导致该区域内的相关产业衰落。同时，产业集群网络的整体维护主体不明，目前的装备制造产业集群网络内核心企业实力不足，对其他企业缺乏强有力的制约，这就不可避免的产生一个问题：维护产业集群网络的区域品牌主体缺位——造成区域品牌保护主体的缺位——区域品牌维护主体的缺位，进而无法规范区域品牌的运行——最终导致区域品牌管理混乱，维护乏力，品牌资产贬值——带来产业集群网络的衰落。

（五）全球生产网络下装备制造产业结构、地位和产业安全的矛盾

在全球化背景下，国际装备巨头纷纷构建全球生产网络，在全球范围内整合资源，在未来的竞争中抢占先机。我国装备制造产业集群仍然存在大而不强及产业结构矛盾等问题。发电设备、数控金属切削机床等多种工业产品产量位居世界第一，但国内有效专利仍以实用新型和外观设计为主，发明专利数量占比仅为 13.8%，出口的多是贴牌产品，拥有自主品牌的不足 20%。装备制造产业集群产业结构不合理，多数产品属于产业链低端价值环节产品，产业自主创新能力弱，产业结构升级难度大，也难以独立催生新兴产业。

但装备制造业在我国后工业化时代承担着历史性责任，不仅承担着经济发展的设备制造需求，更肩负着提供我国经济结构转型、产业结构升级所需的高端制造设备的重任。作为工业发展的“发动机”，装备制造业是我国的战略产业。但国际装备制造业出现了国内竞争国际化、国际竞争国内化的现象，一方面装备制造业的竞争日益激烈，另一方面国际装备巨头通过股权投资、兼并收购、战略合作等多种方式进入我国市场，在带动我国装备制造业发展的同时，也加大了我国装备制造业对外资的依赖度，产业安全受到一定的影响。此外，装备制造业受国家相关政策的影响较大，例如我国取消部分钢铁出口退税，直接导致装备制造业成本增加，竞争力下降。

三、装备制造产业集群风险产生的根源

根据上述分析，我们知道装备制造产业集群本身就是一个复杂的网络组织。网络关系既是集群可持续竞争力的根本来源，如果处理不好，也是集群风险的根源。从本质上来看，装备制造产业集群风险产生的根源是集群作为一个网络组织失去了对其发展过程中所需要资源的吸纳和整合能力。

从网络视角来看，装备制造产业集群风险主要来自于两个方面。

（一）网络结构僵化子网络，子网络互动不足

装备制造产业集群网络结构主要由三个部分组成：分工网络、合作网络、社会网络，彼此之间的良性互动能够充分发挥网络效应，凝聚、吸纳、整合资源，形成集群竞争优势的根本来源；反之，如果没有形成有机互动的良性格局，不同网络之间联系不足，则无法对集群中的各种资源进行系统有效的整合，从而削弱了产业集群在区域内的竞争力。

1．凝聚、配置、整合资源能力不强

装备制造产业集群的形成和发展都与其对关键资源的利用有关系。关键资源是推动装备制造产业集群形成的直接原因，也是限制其发展方向影响因素。装备制造产业集群的分工网络、交易网络和社会网络能够凝聚集群发展所需要的同质和异质资源，彼此的互动能够提高集群对资源的凝聚、配置和整合能力，从而提高整个集群的效率和质量。一旦产业发展稳定下来，这些围绕产业的分工将成为集群的优势资源。

萨克森尼安通过比较美国硅谷和128公路的发展绩效差异，发现128公路区内的企业之间联系很少，独立性很强，缺乏沟通和交流。企业与该地区的麻省理工学院之间也没有比较系统的研发合作。与此相反，硅谷内的企业是外向型和合作型的，企业之间沟通频繁，与斯坦福大学之间的研发合作关系密切，三个网络之间关系紧密，实现了良性的互动。我们可以认为，一个静态的不同网络之间缺乏互动的产业集群所产生的仅仅是一个简单的集聚效应，所实现的只是地理形式上的“集聚”，而不是真正意义上的“产业集群”。集群的真正竞争力来源在于其不同网络的良性互动，网络内不同成员在产业链分工基础上紧密合作，实现资源的共享和优势互补，获得自身发展所需要的各类资源。

2．创新的动力不足

装备制造产业集群网络结构互动的不足所导致的凝聚、整合资源能力的

下降，会直接导致集群的创新动力不足。装备制造产业集群创新是指在集群内各成员（包括企业及相关机构）通过信息沟通与资源共享，运用创新的知识和新技术、新工艺，采用新的生产方式和经营管理模式实现知识流动与知识增长，提高产品质量，开发新的产品，提供新的服务，从而占领市场并实现市场价值。创新包括很多方面，如产品创新、组织创新、技术创新等。

网络结构内三个子网络的互动，一方面能够促进企业之间的分工和紧密合作，也有利于促进集群的组织创新。集群创新的一般途径包括集群内单个企业自身通过生产实践产生，企业之间、企业与研究机构间通过交流互动产生，以及群成员从集群外获得知识后再结合实际创新，其创新过程是知识流动促进知识增长，知识增长促进技术创新，同时知识流动也可直接促进技术创新，三者之间存在有机联系。必须指出的是，技术创新对于装备制造产业集群的发展尤为关键，而技术创新的成功与否很大程度上要依靠集群所凝聚的资源。对于以市场为关键资源的产业集群而言，技术创新的策略往往更应侧重于市场，市场经营方式的创新、市场营销技术的创新比工艺和产品的创新更为迫切。现有集群风险研究中的创新惰性一般归因于创新成果保护力度不足。本书认为，在模块化的背景下，创新动力应来自于创新所得到的巨大收益，即“赢者通吃”的现象。而产生众多模仿和假冒伪劣现象，本身也说明了产业集群分工网络和交易网络发展不完善，社会网络作用没有真正发挥，更谈不上彼此之间的良性互动。

（二）网络功能发挥失灵，外部资源吸纳能力不足

随着经济全球化的不断深入和科技革命的不断发展，装备制造产业集群网络功能的发挥促进了更多的资源集聚和集群的网络结构优化；反之，集群外部网络功能没有有效发挥，则无法吸纳产业集群外部的各种稀缺资源，形成对集群发展极为关键的外部支持动力。尤其在经济全球化的大背景下，集群网络整合资源的功能发挥不到位，直接导致产业集群发展的孤

立性，无法融入全球经济发展中去。

1. 网络功能发挥不足，无法突破集群边界

装备制造产业集群网络功能发挥，从两个方面促进了集群的发展：一是能够在全球范围内凝聚、吸纳、配置、整合资源，扩大集群的生产可能性曲线的边界，推动整个曲线向外移动，提高集群的生产能力；二是外部资源的引进，能够弥补集群网络内要素资源的不足，增强集群活力，优化集群网络结构，提高集群的效率。而我国多数集群网络外部性功能发挥不足，区域性较强，短期内能够促进本地经济的发展，但缺乏可持续发展的能力。

2. 网络外部性不强，无法真正融入全球价值链

在经济全球化的背景下，装备制造产业集群网络外部功能的发挥尤为关键，这就要求集群的发展需要和外部保持密切的联系，加大知识和信息的流动，积极主动融入全球价值链分工体系中，并找准自身的定位。模块化的出现，也为集群明确自身优势，提升在全球价值链中的地位提供了可能。我国的很多装备制造产业集群之所以竞争优势不强，虽然有多种因素引起，但从网络功能视角来看，主要是集群网络结构不够优化，没有真正发挥网络外部功能，而是被动地接受处于全球价值链分工体系中的低端制造、装配环节的地位，不仅利润低（主要依靠廉价劳动力，“目前的民工荒”也说明这种发展模式的后劲不足），而且竞争优势不强。

第三节　装备制造产业集群的网络治理机制

一、装备制造产业集群的网络治理内涵界定

装备制造产业集群内主体之间关系的复杂性、多重性和系统性使得层级制治理和市场治理无法适应集群发展的需要，因而治理的效果是不全面、不完整的。在信息化背景下，网络治理的出现为装备制造产业集群治理提

供了新的思路。它在借鉴层级制治理和市场治理优点的基础上，突破了原来治理中的个体理性和激励机制，通过在内部形成的集体理性和不同主体之间的有机互动，能够对集群的整体产生良好的协调和整合，在连接、协调集群内不同主体之间的活动和维护集群整体利益方面都具有市场治理和层级治理不具备的优势。

（一）装备制造产业集群内企业互动网络

装备制造产业集群内企业之间的关系是双维的互为导向关系，在集群的内部形成了一个基于交易和调整彼此行为的动态互动网络。一家企业的市场行为函数是另外一家企业市场函数的变量，彼此是“你中有我，我中有你”，有机互动。

需要指出的是，在装备制造产业集群的互动企业网络内，企业彼此之间的信息和知识的流动和共享，会使得原来的互动网络关系变得更为复杂，产生了更多的企业之间的协调和互动，扩大了网络的范围，并最终在整个集群内形成了信任、互动、集体学习的和谐氛围，有利于产业集群的共同治理。更进一步来讲，这种互动双向的网络打破了传统装备制造产业集群的地理边界，使得集群能够在更广阔的区域内吸纳、凝聚和整合各类资源，形成开放互动的经营理念。

在开放互动的理念中，企业的个体行为也发生了变化，企业原来仅仅关注自身企业内部的层级制效率和彼此（合作伙伴和竞争对手）效应，现在的视野则更为开阔，更加关注集群外部资源，和集群外部的企业、集群、区域有了更多的合作和协调，最终实现以命令为核心的企业内部层级制、以价格为基础的市场机制和以信任为基础的社会机制的三者有机统一。这方面研究的学者代表主要是 Johanson、Hakansson 等，他们的代表性观点就是：产业集群的网络治理是通过集群内企业之间的交易互动网络来实现的，并最终形成了产业网络流派。

（二）装备制造产业集群网络治理的途径

和一般的产业集群治理不同，装备制造产业集群网络治理的途径是非正式组织和正式制度的有机统一。在装备制造产业集群中，既有正式的制度安排，也有更多的非正式组织，它们对于集群的发展极为关键。在某种程度上说，非正式组织对于产业集群的发展更为重要，它不仅存在于企业内部，在企业之间也很常见。它能够发挥出正式制度所不具备的优势，如它能够使得集群内企业之间的关系更为融洽、促进信息和知识的流通、有利于创新等。非正式组织的形成有其独特性，它并不是按照某种轨道来形成的，而是在一定的制度环境内，集群内企业之间在日常经营活动中自发形成的，具有集群特有的文化特征，也是集群核心竞争优势的来源之一（其他企业和集群无法模仿）。

装备制造产业集群网络治理的非正式组织与正式制度有机统一，通过对产业集群企业之间的双边或多边交易行为的协调和整合，从而引进社会资本进入集群网络内部，彼此之间形成了互动的网络，实现了集群内正式制度、非正式组织的有机融合和统一，提高了整个产业集群的运行效率和竞争力。

从更深层次意义上来看，装备制造产业集群的网络治理是社会网络治理和经济网络治理的结合。目前对产业集群网络治理的研究成果中，重在分析产业集群的社会关系和集群的网络结构，但对于经济网络治理的研究不足。这就不可避免地对经济网络的运行机制分析不够深入，更没有对社会网络和经济网络之间的互动做出系统性梳理。装备制造产业集群作为一个具有特殊性的网络组织，其特点比较明确，如集群网络内的分工网络比较发达、网络复杂程度高、集群主体之间的交易网络功能强大等。

具体来讲，装备制造产业集群内的企业处于一个“双重网络”内，一方面属于经济网络内的主体，重点在于企业之间的分工和交易行为；另一方面也属于社会网络，重在企业之间同属的社会关系。前者的目标在于企业的产品开发和生产、销售等，后者在于降低企业之间的交易成本和社会资本的增值。需要指出的是，经济网络的治理主要依靠集群内的正式制度，而社会网络的治理主要依赖于非正式组织，两者相互作用，共同增强产业集群的抗风险能力，促进集群的发展。在产业集群的实际发展中也印证了这一点，社会网络和经济网络相互融合的产业集群网络治理，是一个两者相互制约、互为增强的过程，而且也是一个共同演进的动态过程。

因此，我们需要从社会网络和经济网络互动的视角来分析和看待装备制造产业集群的网络治理，重点分析二者之间的互动机制，从“双重网络”互动的角度来分析集群的网络治理。

二、装备制造产业集群的网络治理机制

装备制造产业集群网络治理的主体是核心企业。在现有的研究中，一般都认为产业集群的治理和政府密不可分。从产业集群的发展过程来看，其有效的治理并不必然和政府联系在一起，政府并不是集群治理的主体。装备制造产业集群的网络治理是一个复杂的过程，具有自身的独特治理体系，包括集群内主体之间的关系和利益的协调、机制运作和整合等，是集群内不同主体之间自组织的过程，政府在其中能够制定正式制度来促进形成良好的治理环境，但不是集群网络治理的主体。

（一）网络治理目标

一个组织存在和发展需要两个基本条件：一是该组织形式能够对组织本身的发展产生促进和推动作用，二是要有良好的效率（在和其他组织竞争过程中才能胜出）。装备制造产业集群的网络治理机制通过提高集群网络内知识和信息的流动频率和利用效率，为集群内主体之间的合作创新提供机会。我们知道，知识作为一个集群发展极为关键的因素，其在集群主体间的流动和共享，能够在整个集群内形成自由、开发、和谐的氛围，进一步促进知识和信息在集群内的流动和共享，提高它们流动和共享的程度和深度。

装备制造产业集群的网络治理机制能够降低集群发展过程中面临的诸

多风险。就集群内的“创新”风险来说，网络治理通过两个途径来解决：一方面，网络治理为创新提供了良好的条件，能够提高整个集群的创新能力；另一方面，装备制造产业集群的集成创新需要集群内主体之间的知识交流和合作。集群网络治理中的社会关系治理能够促进隐性知识的传播，成为创新的主要来源之一，而模块化在技术和组织方面的应用更是为创新提供了源源不断的巨大动力。

总的来说，装备制造产业集群作为一个网络组织形式，治理目标简单来说就是提高集群的效率，实现可持续发展。具体来讲，主要表现在以下几个方面。

1．实现集群网络内不同子网络之间的良性互动

实现互动性是装备制造产业集群网络结构优化的基本要求，通过治理，实现分工网络、交易网络和社会网络之间的互动，是提升集群效率的前提。这就要求集群网络内各行为主体之间加强合作，通过企业、科研机构、大学之间的产学研有机结合，实现产业集群网络内主体之间的知识共享，从而协调彼此之间的利益和行动，最终实现一个完整的互动链条：产生良好的创意——调研市场——不同类型主体之间合作——联合生产——产生初步成果——经过市场认可——大规模生产。

2．有效凝聚、配置和整合集群内外的资源

随着经济和社会的发展，装备制造业出现了“国内竞争国际化、国际竞争国际化”的现象，企业面临的竞争日益激烈，装备制造产业集群作为一个网络组织形式，其竞争优势发挥的根本在于能够有效整合集群内的异质和同质资源。通过资源的整合，实现集群内不同团体间的联合与协作，在互动的基础上建立可靠的信任与互惠的网络关系结构。

3．有机协调集群网络内不同主体的利益

在装备制造产业集群的网络治理中，集群内的不同经济主体之间的关系具有“三重性”——包含经济关系、社会关系，市场因素。这就决定了集群内不同经济主体之间的行为要受到多种因素的影响，一方面受到市场机制的影响，不同主体之间要在治理过程中不断调整自身的行为以适应变化的外部环境，另一方面也受到社会关系的影响，要在彼此的合作和协调中明确彼此的权利和义务关系，同时也要协调彼此的利益，面临集群发展中的风险和不同主体之间的冲突，要处理好个体利益和集群整体利益的关系。

4．维护与规范集群网络的运行

在整个集群网络治理的机制中，网络的稳定性极为关键。这就需要对集群网络的运行进行维护和规范，这主要通过三个方面来实现：一是要在集群不同主体之间形成共识，即集群整体的利益优先，在具体的运行中可以通过增加集群内行为主体违反集群共识的成本（需要超过该行为主体违约所得到的收益）来实现；二是降低产业集群网络内不同主体间信息不对称的程度，即通过扩大集群内信息和知识的流动频率和传播范围，最大可能地实现集群不同主体间知识和信息的交流和共享；三是发挥社会网络的功能，通过强化集群文化的整合，提高产业集群网络内众多主体的整体意识，增强彼此的信任，从而减少主体间交易的风险（道德风险和机会主义）。需要指出的是，产业集群的网络治理不同于企业内部的科层治理，缺乏权威性和强制性，在具体的治理过程中有其不足的一面。这就需要发挥集群内正式制度的作用，实现“有形之手”和“无形之手”的“握手”。

（二）网络治理手段

根据装备制造产业集群的网络治理手段是否具有权威性和强制性，可以分为两个方面：非正式组织和正式的制度，二者的有机融合是集群网络治理机制的核心。从性质上看，由于装备制造产业集群的发展具有开放性，在全球化背景下，集群的发展需要突破具体的地域界限，一方面“从内到外”，主动出击，吸纳、凝聚和整合外部资源，另一方面“由外到内”，吸引外部企业的进入，增加新鲜血液，增强集群发展的活力。从这个角度来看，我们认为，装备制造产业集群的网络治理具有动态变迁的特征。

1. 正式制度

集群网络治理中具有权威性和强制性的治理机制是正式制度的表现，主要包含两个方面：一是地方政府的关于集群公共政策和协调机制，二是行业协会的规章制度（主要是对会员的利益协调机制）。这两个方面虽然不是企业内部的权威科层制，但由于二者的特殊身份，在实际中也具有权威性和强制力，通过协调不同主体之间的利益来促进整个集群网络的稳定性，实现不同主体之间的有机互动，维护各个集群网络的利益。

2. 非正式组织

非正式组织是集群网络治理机制的主要部分。在治理的途径上主要有两个方面：集群网络内的创新文化和集群主体之间的信任文化。前者是产业及其网络发展的根本动力，能够为集群的发展活动提供源源不断的动力。后者是产业集群网络实现顺利发展的保障。它通过营造集群网络内部的信任和合作机制，能够有效地避免集群主体交易过程中的机会主义和道德风险，加强彼此之间的信任，强化集群的文化氛围，提高了产业集群网络内的知识和信息流动和共享的程度。

可以说，装备制造产业集群的网络治理机制是“无形之手”和“无形之手”的“握手”。“有形之手”是指装备制造产业集群内不同主体之间（主要是企业）在长期的发展过程中形成的彼此合作关系，这些关系是建立在同属一个集群网络的知识和信息共享以及企业的分工网络基础之上的。作为一种隐性的契约关系，它虽然不同于企业内部的权威科层制治理，但对于集群网络治理来讲，十分重要。“无形之手”的范围比较明确，主要指集群网络内企业之间的市场交易关系，包括分工网络和交易网络内的知识和信息的流动等。

需要指出的是，但由于装备制造产业集群网络的复杂性，单一的治理模式无法进行有效的治理，需要发挥多种治理模式的综合优势。具体来讲，我们在对装备制造产业集群进行网络治理的同时，也需要进行以命令和权威性为基础的层级制治理和以价格机制为核心的市场治理。这一点在集群发展的实践中已得到印证。一方面，装备制造产业集群网络内企业之间的竞争合作行为，包含着价格竞争、合作伙伴的选择等资源优化配置方式，这是市场治理的直接表现；另一方面，在装备制造产业集群网络内部，企业之间存在着一定的差异，典型的例子如集群内的龙头企业或核心企业，以其综合实力对整个集群的发展起着关键作用，具有较大的权威性，对于集群内部的治理和企业间关系均能发挥较大的影响，可以认为是层级制治理在产业集群网络内的体现。同时，产业集群的层级治理能够降低交易成本，提高效率，但却缺乏弹性和柔性；因此，市场治理的不确定性比较大，交易费用高，需要通过网络治理来综合协调、治理。

最后，装备制造产业集群的三种治理模式关系极为密切，“你中有我，我中有你”，彼此之间存在着动态演化的关系。在一定的条件下，集群的市场治理和层级治理会向网络治理演变。例如，随着集群网络的扩大，逐步突破集群的具体地域边界时，层级治理在集群网络中的作用日益弱化，这时集群治理由网络治理和市场治理起主要作用。如果产业集群内核心企业或龙头企业通过大规模的兼并和重组，也会使得集群的网络治理弱化，逐步向以权威性为主导的层级制治理模式演变。

总之，装备制造产业集群的三种治理模式都均有利弊，要将三种治理模式有机结合，取长补短，实行多元化的治理模式，在着重发挥网络治理优势的同时，有机融合其他治理模式的优势。

第八章　装备制造业集群式创新路径及对策

第一节　强化知识技术支撑

首先，从装备制造业集群式创新效率看，以集群式技术创新、制度创新、管理创新及其效率提升等为特征的纯技术效率下降对其全要素生产率具有较大影响，特别是以研发创新、管理创新为特征的纯技术效率提升缓慢制约了集群式创新效率的进一步提升。此外，部分行业如金属制品业，专用设备制造业，仪器仪表及文化、办公用机械制造业等集群式创新活动效率偏低。其次，从集群式创新的产值利润率和劳动生产率看，以广东、山东、浙江、上海为装备制造业集群式创新效益相比还存在一定差距，特别是通信设备、计算机及其他电子设备制造业，交通运输设备制造业和仪器仪表及文化、办公用机械制造业三个行业差距较大。最后，科技创新投入对装备制造业集群式创新效率表现出明显的负相关性，说明科技研发投入的不足或低效制约了装备制造业集群式创新效率的提升。近年来，研发经费支出占 GDP 比重基本保持在 2.5%左右，高于全国平均水平，但经费主要投在试验发展研究上，导致应用研究特别是基础研究投入偏低，综合反映出科技研发投入的数量不足、结构失衡、效率不高等因素的共同存在，制约了装备制造业集群式创新效率的稳步提升。

因此，要深入实施以科技创新、制度创新、管理创新等为核心的创新驱动战略，充分利用不同区域地理临近或信息化网络协作优势，以装备制造业供给侧、需求侧双向改革和集群式创新为导向，加强与装备制造业集群相关的区内外大学及科研院所合作，不断创新科技合作及利益共享机制，增强知识技术生产机构对装备制造业集群式创新的支撑作用。密切关注美德日等发达国家制造业科技创新、战略布局及变动方向，建立和完善对全球先进装备制造持续跟踪、学习、借鉴及创新机制。必须看到，高等学校和科研院所在先进知识技术创造、高端研发人才培育、研发平台服务等方面具有独特优势，是所在区域知识和技术最重要的创造机构之一，表现得尤为明显。因此，应突出装备制造企业在产学研协同创新中的主体地位，强化市场机制的决定作用和政府的引导作用，通过契约关系建立共同投入、联合开发、利益共享、风险共担机制，以装备制造业技术创新需求为基础，构建协作创新技术平台，凝聚和培育创新人才，聚力突破产业发展的核心关键技术，切实提高产学研合作投入产出效率。同时，科学分析经济社会发展愿景和省内外企业、高校及科研机构的短期、长期需求，积极搭建符合产学研合作需求的公共信息平台，为产学研合作提供信息支撑。加大政府投资扶持力度，引导企业持续投资，引入风险资金和社会资本，建立多元化的产学研合作创新投资机制，为产学研合作提供资金保障。

第二节　建立集群式创新学习交流网络

由于创新活动的复杂性和风险性，单个企业开展创新活动的难度较大，往往需要多个相关企业及高校、科研部门、科技中介、金融机构的共同参与，创新才可能获得成功，充分体现出产业集群式创新的网络化特性。特别是随着互联网、大数据等现代信息技术的快速发展，产业集群的竞争力很大程度上源于网络化联结条件下的企业知识技术合作和产业科技创新。典型的如产学研用基于地理空间和网络空间的多元合作形成产业创新网络，促使生产企业和高校、科研部门等相关机构之间形成一个相互学习的整体，在降低学习成本的同时推动了集群学习的进程，促进更多有创新价值的技术经济活动发生。

因此，要根据装备制造业行业特征及区域创新资源禀赋，在不同行业集群内建立引导和促进产业创新的正式与非正式交流网络，包括市场及政府推动的三大区域间产业交流合作，利用互联网技术建立信息化学习交流网络，加强与国内外行业标杆企业的交流合作，与高校、科研院所的知识信息交流，以及行业协会或科技组织的互动交流等，为集群内企业及其他成员提供学习、交流、创新的机会与场所。首先，基于装备制造业产业链长、产业关联度大、技术密集等特征，要充分发挥集群内龙头企业的创新引领作用和网络骨干企业的中坚传导作用，调动集群内企业（尤其是关联配套的中小企业）互动学习的主观能动性，促进企业间互动学习和知识外溢，全面加强同集群外部先进科技企业的学习合作，形成良好的集群学习氛围，着力在集群内上下游企业以及合作竞争对手之间通过正式或非正式的交流建立常态化学习机制。其次，顺应市场经济、装备制造业升级、区域发展等内在规律，努力破除产业、区域、知识技术、要素资源等关联互动的障碍，建立装备制造业知识技术共享机制，促进区域要素流动及优化配置，深化区域装备制造业集群分工协作程度，加快区域产业对接与转移，促进产业链、价值链、创新链沿集群和区域两个路径不断拓展延伸，实现区域装备制造业的优势互补、集聚集群和联动发展。再次，积极借助互联网放大集群式创新功能在一定空间高度集成的核心优势，科学把握集群式创新链的网络性、可达性、灵活性等特征，运用互联网等信息通信技术打破装备制造业集群式创新的物理空间阻隔，促进集群创新链的网络组合和动态优化，提升装备制造业集群的整体创新能力。最后，政府及职能部门积极履行“店小二”职能，建立为产业集群提供技术信息和技术支持的知识中心性机构，为集群管理和服务提供支持与帮助的管理服务机构，引导企业把握产业科技前沿动态，推动集群与外部企业及相关机构的交流与合作，促进外部知识技术的流入和江苏装备制造业集群的创新发展。

第三节　壮大生产业规模

生产性服务业贯穿于装备制造业价值链的各个环节，具有专业性强、创新活跃、技术密集、产业融合度高、带动作用显著等鲜明特点，是推动装备制造业集群式创新发展的重要力量。制造业总体规模及综合实力居全国前列，但长期面临服务业特别是生产性服务业发展滞后的制约。从统计来看，尽管地方生产性服务业占 GDP 比重与全国平均水平相当，但交通运输、仓储和邮政业、金融业、科学研究、技术服务和地质勘查业比重均低于全国平均水平，反映出生产性服务业行业发展的差异性和非均衡性，需要在经济转型升级过程中高度重视生产性服务业发展。

此外，由于生产性服务业主要以制造业为服务对象，装备制造业的诸多结构性特征和问题也会传递到生产性服务业。如高端装备制造更需要金融服务、科学研究、技术服务、租赁及商务服务、信息服务等知识技术密集型生产性服务业的强力支撑，而中低端装备制造业则对批发零售、交通运输、仓储物流等传统生产性服务业的需求更甚，从而使得装备制造业领域的“低端锁定”在生产性服务业领域演化为“低端绑定”，制约生产性服务业（特别是知识技术密集型生产性服务业）的发展。以徐州工程机械产业集群为例，国内外工程机械行业的激烈竞争使得徐工集团以及集群内分工协作的大中小企业面临产业升级和跨越发展的巨大压力，迫切需要在高端生产性服务业的开拓创新和突破发展上下功夫。徐州市委市政府提出，要依托高铁生态商务区、现代服务业集中区等平台，大力引进和培育跨国公司地区总部、采购中心、营销中心、研发中心，以及金融非金融机构，大力扶持华东煤炭交易市场及软件与服务外包基地建设，做大产业升级引擎，积极发展电子商务、文化创意等新兴服务业态，为徐州工程机械产业集群的创新发展提供强大的知识、技术、金融、人力资源等生产性服务支撑。

因此，首先，要加大生产性服务业投资扶持力度，大力发展研发设计、商务服务、信息服务、现代金融等生产性服务业，推动云计算、物联网服务、电子商务、互联网平台经济等新兴服务业快速发展，积极引导生产性服务业企业运用现代科技信息技术，加大科技研发力度，推进企业技术创新、管理创新、制度创新和模式创新，全面提升生产性服务业企业核心竞争力。其次，充分发挥苏南地区在科技、教育、金融、信息等方面的综合优势，利用信息化条件下生产性服务业虚拟化、网络化趋势及特征，以知识技术共享、产学研合作、学习网络共建、政府推动等为抓手，进一步深化创新南北挂钩、“1+3”功能区等分工合作机制，推动区域生产性服务业联动发展，提高生产性服务业发展规模及水平。最后，进一步发挥区域各类经济技术开发区、高新技术产业开发区、工业园区等装备制造业集聚区的平台载体功能，扩大生产性服务业对外开放程度，积极承接国际生产性服务业转移，因地制宜引导生产性服务业以装备制造业集聚区为中心配套发展、特色发展、集群发展，逐步建立和完善装备制造业集群式创新的生产性服务业体系，促进生产性服务业与装备制造业互动融合和创新发展。

第四节　加大核心企业培育及政策扶持

从全球范围看，以跨国公司为主的大型企业是国家和地区参与全球竞争的主导力量，资本和技术密集的装备制造业更是如此。由于装备制造业对企业资产规模及技术创新能力的要求较高，往往导致集群内中小企业的创新能力不足，需要通过大型龙头企业对集群外部知识技术的学习引进和内部知识技术的学习整合，构建以龙头企业为核心、骨干企业为支撑、中小企业为节点的知识技术学习网络，推动装备制造业集群内企业的合作创新和整体发展。作为装备制造业发展的领军者，大企业近年来取得了快速发展，但与国内外同行相比差距依然明显，特别是像徐工集团一类的创新型领军企业欠缺。结果分析出广东的华为、中兴，山东的海尔、海信，上海的通用、大众等企业均有着较强的创新能力和国际竞争力，装备制造业必须正视这种差距，做大做强领军型、骨干型等核心企业。

因此，首先，要加大核心企业培育及政策扶持力度，推动装备制造业核心企业在国际、国内两个层面开展资源整合和资本运营，加快“走出去”步伐，积极收购境外研发资源、优质资产、优势品牌和营销网络，通过兼并重组、资产收购等多种方式优化资源配置，提升企业自主创新能力和市场拓展能力，培育壮大装备制造业核心企业。如在国家扩大对外开放特别是“一带一路”倡议的推动下，徐工集团作为中国工程机械行业领军企业和中国装备制造“走出去”的成功典范。2011 年，徐工并购荷兰 AMCA 公司、德国 FT 公司两家基础零部件研发制造企业；2012 年，徐工并购混凝土机械全球领先企业德国施维英公司；2013 年，徐工德国、美国研发中心和欧洲采购中心投入运营；2014 年，总投资 2 亿美元、年产主机 7000 台的徐工巴西制造基地一期项目竣工投产，在南美打造第一个国际化样板。产品“走出去”→人员“走出去”→企业、资本和文化“走出去”，已经成为徐工国际化新征程的主要形态。通过整合全球资源打造以徐工为核心的全球工程机械产业价值链，推动企业向全球价值链中高端有序攀升，大大提升了徐工集团的全球竞争力。其次，引导核心企业延伸服务链条，从以产品制造为核心向产品、服务和提供整体解决方案并重转变，从提供设备向提供设计、承担项目、实施工程、项目控制、系统维护和管理运营等一体化服务转变，为客户提供总集成总承包服务，提升核心企业综合竞争力。最后，通过产业政策、税收政策、土地政策和知识产权保护政策等政策措施的支持，保护装备制造业核心企业的创新收益，通过协调企业间关系等激发核心企业知识扩散的意愿和动机，促进核心企业创新成果的传播和扩散。

第五节　建立区域产业联动机制

推动区域装备制造业联动发展，应把握统筹区域发展的基本原则，按照“总体规划启动、基础设施先行、重大项目跟进、科教人才支撑、市场机制保证”的总体思路，建立政府推动、企业主导、利益连接、市场运作的区域产业联动机制，使各地区经济破壁融合，把本地优势与外来力量、自力发展与借力发展结合起来，推进交通联网、市场对接、资源共享、园区共建、产业共兴，促进装备制造业的优化布局与联动集群发展。

一是成立协调机构，发挥地方政府在促进区域产业联动中的主导作用。在装备制造业的区域联动中，政府的作用是极其重要的。要把区域从空间的概念转变为代表区域利益的实体，就必须有超越地方政府的协调机构，通过协调机构的积极推动和统筹管理，促进区域内部不同地方政府形成利益一致的板块，并与外部区域之间形成相互区别、相互竞争、相互合作的主体，这时进行区域之间的协调才可能有实效，否则可能导致各个地方政府之间低效的竞争与合作。因此，必须制定一种制度来激发和推动各级政府参与到互动协调的过程中来，这种制度应尽可能地使得外部效应极大地内在化。比较可行的制度设计同时也是最迫切需要解决的问题，就是设立区域性协调机构。2001 年以来，国家省委、省政府先后成立了苏北、苏南、苏中发展三个领导小组，如苏北发展协调领导小组、苏南国家自主创新示范区建设工作领导小组和苏中发展工作领导小组等，2009 年以来又成立了江苏沿海地区发展领导小组，以协调解决园区共建、产业合作等事关区域发展的全局性重大问题。下一步，这些区域性协调机构应在贯彻省委省政府精神的基础上，进一步完善引导、服务、保障、监督等体制机制，切实推进江苏南北各市县级政府之间的产业联动与挂钩合作，提升南北合作质量及效益。

二是打破行政壁垒，为区域产业联动营造统一的市场环境。保证各种生产要素通过市场自由地流向报酬率最高的地区，保证各产业联动主体能够自主地选择成本最低的区位，必须有发育完善的市场体系和统一市场作基础。目前，江苏各区域之间的市场分割现象仍然不同程度地存在，导致人才不能充分地、自由地流动。另外还存在一些市场封锁、地方保护主义等分割市场的行为。为此，必须按照建立社会主义市场经济体制总体要求，进一步深化改革，完善市场体系，健全市场法律法规，打破地方保护和垄断，在完善商品市场的同时，加快发育和完善各类要素市场，加快区域市场接轨的步伐，在促进区域市场充分发育的基础上推动全省统一市场的形成。要建立健全市场交易规则，制定省内区际贸易法规，以法规的形式保障区域间正常的经济技术联系和各自的合法权益；消除画地为牢、分割市场的体制性因素，改革不合理的价格体系，为产业联动主体提供准确的信息，并为区域间等价交换提供体制保障；制定统一平等的区域贸易政策，保证区域比较利益的实现；加强交通运输、邮电通信等市场基础设施建设，为生产要素的自由流动和市场的充分发育提供物质保障；形成良好市场秩序，实现全省市场的统一高效、公平竞争，为全省开展产业联动搭建平台。

三是强化分类指导，促进产业的联动发展。区域经济发展不平衡既是客观存在的，也是影响区域全面、快速发展的重要制约因素。资源方面具有明显的互补优势，这为装备制造业的联动发展提供了契机。要尊重产业发展规律，强化分类指导，根据各个市县的经济发展水平、产业联系、发展特点和优势领域，推进产业、产品转移，加快一体化步伐和产业联动发展。外向型经济发展水平高，资金实力及融资能力强，信息灵通，技术及管理水平高，既能为与其他地区联合开发提供较为先进的技术、人才资源及资金支持，也可开拓广阔的海内外市场。虽然经济发展水平较苏南低，但却有着煤炭、石油、天然气、非金属矿产、海洋资源、生物资源、水力资源、土地资源等资源优势，劳动力资源充沛且价格低廉。各自所长为对方所短，这为资源的优化配置和南北产业联动发展提供了有利条件。因此，从装备制造业优化布局和集群创新的要求出发，要充分利用产业互补的特点，形成若干产业链，通过互补开发，优化产业地域配置，积极有效地推进南北产业联动发展。

第六节 规范和完善科技中介组织

科技中介组织及其行业的发育程度，已逐渐成为衡量一个国家和地区科技创新能力和市场经济成熟程度的重要标志之一。科技中介组织作为整个社会中介组织中知识技术含量较高的重要一部分，是国家和区域创新体系的重要组成部分，是科技与应用、生产与消费不可缺少的服务纽带，对提高生产性服务业发展水平，促进经济结构调整，健全现代科技市场体系，加快科技成果转化和中介服务业市场化进程等具有重要的促进作用。《国家中长期科学和技术发展规划纲要（2006—2020 年）》明确提出，要针对科技中介服务行业规模小、功能单一、服务能力薄弱等突出问题，大力培育和发展各类科技中介服务机构，引导科技中介机构向专业化、规模化和规范化方向发展。

科技、教育资源的丰富，具有大力发展科技中介行业的较强比较优势，但现有科技中介组织及其服务体系满足不了江苏日益增长的装备制造业科技服务需求。一方面，装备制造业企业特别是中小企业创新能力偏弱，迫切需要科技中介组织在信息、技术、成果转化和产业化、技术改造、企业管理、市场开拓等方面提供专业化的咨询、经纪、孵化、检测等服务。另一方面，高校和科研院所等研究机构在进行科技开发、创新成果产业化方面，也需要专业化的科技中介提供良好的中介服务。因此，要围绕装备制造业集群式创新对科技中介组织的内在需求，大力发展金融、保险、风投等科技投资机构，合理发展会计师事务所、律师事务所、咨询评估等科技服务机构，规范发展产权交易市场、人才流动市场等科技中介机构。要深化体制机制改革，创新发展模式，以促进产学研合作、技术咨询和服务、科技成果转化、网络化协作等为主线，健全科技中介机构管理、监督制度，推动科技中介组织和服务向专业化、规模化和规范化方向发展，形成社会化、网络化的科技中介服务体系，促进江苏装备制造业的集群式创新发展。

第七节　加强区域创新软环境建设

影响装备制造业科技创新的环境因素可以分为硬环境和软环境两类。

前者主要包括企业厂房、生产设备、研发中心、实验室等硬件设施，后者主要包括创新政策、文化氛围、科技服务等软件条件。实践证明，当区域创新环境与产业经济运行相适应时，会产生激活内力、吸纳外力、促进产业创新发展的马太效应，反之则会阻碍区域产业的创新发展及结构调整，而且在这两类环境中软环境的作用更为凸显，需要特别重视和加强区域创新软环境建设。

目前，装备制造业发展中还不同程度地存在专利保护薄弱、产品侵权等知识产权保护问题，因企业性质、规模，甚至地域差别等遭受政策歧视，因企业规模大小、行业类型，甚至企业家所属群体等因素遭受融资歧视，中小企业融资难突出，民企的生存环境有待改善，民营企业家社会地位有待提高，等等，不利于装备制造业的集群式创新发展。因此，推动装备制造业集群式创新更依赖于区域软环境的营造，即创造有利于产业科技创新的社会文化氛围、制度体系及政策环境。这就要求政府要进一步规范政府行为，完善市场秩序，健全法制环境，特别是强化知识产权保护，为企业自主创新提供足够的市场激励、政策扶持和权益保障。要加大基础研发投入及金融扶持力度，积极营造高效的产业科技创新服务环境，为企业自主创新及成果转化提供良好的配套服务，为高校及科研院所科技研发提供有力的保障服务。要牢固确立“人力资源是第一资源”的创新理念，充分发挥高校密集及人才丰富的优势，完善高端人才培养、引进及激励制度，加强领军型企业家、高层次创新创业人才和高技能人才三支队伍建设，围绕新兴产业领域，尽快培育引进一批高端产业创新人才，特别是复合型、创新型人才和企业家队伍，并从提高人才收入、拓展职业空间、改善工作生活环境、完善子女教育等方面进行系统谋划和综合出策，加快人才集聚步伐，为装备制造业高质量发展营造良好的区域创新软环境。

参 考 文 献

[1] 刘晓辉，闫二旺．能源与产业结构调整下我国工业碳排放峰值调节机制研究[J]．工业技术经济，2016，35(12)：107-114．

[2] 刘晓辉．我国商贸产业的发展结构及完善策略[J]．商业经济研究，2016(20)：177-179．

[3] 刘晓辉．城市聚集效应的产业经济学分析[J]．人力资源管理．2017（5）

[4] 刘晓辉，吕佳文．浅析转型发展背景下山西产业结构调整问题及对策[J]．山西高等学校社会科学学报，2014，26(10)：22-25．

[5] 刘晓辉．中部地区产业结构与就业结构测度及比较分析[J].经营与管理，2014(09)：73-76．

[6] 程志永，刘晓辉．中部地区产业结构优化水平度量及指标实证分析[J].经营与管理，2014(08)：85-89．

[7] 刘晓辉，程志永．企业管理实践创新评价指标体系构建[J].经营与管理，2012(12)：96-97．

[8] 刘晓辉．基于 SCP 分析框架的山西钢铁产业研究[J]．山西高等学校社会科学学报，2012，24(11)：18-23．

[9] 刘晓辉，刘俊仙．大学生网络价值观调查和分析[J].经营与管理，2012(06)：129-131．

[10] 刘晓辉，沈玲．管理创新中的效益创新评价指标体系构建[J]．经营与管理，2012(06)：93-95．

[11] 刘俊仙，刘晓辉．贫困县农村贫困代际传递研究——以山西省保德县为例[J]．经营与管理，2019(01)：40-42．

[12] 刘晓辉，任群罗．产业互联网背景下电商 C2M 模式发展困境与突破路径[J]．企业经济，2021，40(06)：138-144．

[13] 赵志豪. 装备制造产业集群发展研究[M]. 上海：上海财经大学出版社，2012.

[14] 唐晓华. 振兴装备制造业研究[M]. 北京：中国社会科学出版社，2012.

[15] 陈宇科，邹艳. 网络化条件下装备制造业集群合作创新机制研究[M]. 北京：科学出版社，2015.

[16] 彭中文. 中国装备制造业自主创新模式与路径研究. [M]. 北京：知识产权出版社，2014.

[17] 何武. 中国装备制造业产业政策与全球价值研究[M]. 上海：上海人民出版社，2019.

[18] 简晓彬. 装备制造业的集群式创新与区域联动[M]. 北京：经济管理出版社，2019.

[19] 李晓琳，中国装备制造业技术创新水平研究[M]. 北京：社会科学文献出版社，2018.

[20] 王燕梅，装备制造产业现状与发展前景[M]. 广州：广东经济出版社，2015.

[21] 崔万田. 中国装备制造业发展研究[M]. 北京：经济管理出版社，2004.

[22] 陈少华. 产业集群治理研究[M]. 北京：经济管理出版社. 2007.

[23] 梁琦. 产业集聚论[M]. 北京：商务印书馆. 2004.

[24] 刘春生. 全球生产网络的构建与中国的战略选择[M]. 北京：中国人民大学出版社，2008.

[25] 王缉慈等. 创新的空间——企业集群与区域发展[M]. 北京：北京大学出版社，2001.

[26] 魏江. 产业集群——创新系统与技术学习[M]. 北京：科学出版社，2003.

[27] 夏兰，周钟山. 基于网络结构视角的产业集群沿海和创新[M]. 北京：中国市场出版社，2006.

[28] 肖俊涛. 中国汽车产业自主品牌与自主创新研究[M]. 北京：中国地质大学出版社，2009.